読む力がつく
中学基本英単語
1600

Gakken

はじめに

　高校受験において，長文読解は，だれもが避けて通れない関門です。しかし，とても多くの中学生が苦手意識を持っている分野でもあります。

　長文が読めないと感じている人の多くは，「知らない単語が多いから」ということが原因だと考えているのではないでしょうか。もちろん，知っている単語が少ないと，長文を読むのは困難です。しかし，苦手意識の原因はそれだけではありません。

　実は，長文が読めるようになるためには，単語・文法の力だけでなく，「読む訓練」がどうしても必要なのです。ある程度まとまった量の長文を読む訓練をしていないと，入試長文を自信を持って最後まで読み進めることは困難です。

　多くの中学生のみなさんに，自分の力で長文を読む自信をつけてほしい。そして，英語を読んで理解できる楽しさを知ってほしい。編集部のそんな思いからこの本は生まれました。

　本書は単語集ですが，「読む」作業に慣れるための「語彙レベル別リーダー（読解教材）」としての機能も備えています。単語学習の段階ごとに，すべての学習者が辞書なしで読める長文を用意しています。自分の語彙サイズにぴったり合った長文を少しずつ読んでいくことで，負担なく効果的に読む訓練をすることができる構成です。

　この1冊が，みなさんの志望校合格の力強いパートナーとなるとともに，将来にわたって使える真の英語力の土台づくりに大きく役立つことを心より願っています。

本書の構成と使い方

■本書の構成

　　全国の最新の高校入試問題をコンピューターで分析し，必ず覚えておくべき 1600 語を厳選して収録しました。それらの 1600 語を，入試に出る頻度順に配列してあるので，効率よく学習を進めることができます。

　　本書は，50 語ずつのレベル別構成になっています。50 語ごとに，そのレベルの単語で書かれたミニ長文があります。レベルを上げていくことで，入試に必要な 1600 語レベルの単語力が獲得できる構成になっています。

```
┌─────────────────────────────────────┐
│          基本単語 350（巻頭）          │   350 語
│  基本単語 350 語をジャンル別に確認します。   │   レベル
└─────────────────────────────────────┘
                    ▼
┌─────────────────────────────────────┐
│              Level 01               │
│  入試出現頻度順に，50 語の英単語を学習します。 │
│                  ▼                   │
│            長文読解に挑戦             │   400 語
│  ここまでに学習した単語で書かれたミニ長文を読みます。│   レベル
└─────────────────────────────────────┘
                    ▼
┌─────────────────────────────────────┐
│              Level 02               │
│  入試出現頻度順に，50 語の英単語を学習します。 │
│                  ▼                   │
│            長文読解に挑戦             │   450 語
│  ここまでに学習した単語で書かれたミニ長文を読みます。│   レベル
└─────────────────────────────────────┘
                    ▼
┌─────────────────────────────────────┐
│          Level 25 まで続ける          │   1600 語
└─────────────────────────────────────┘   レベル
```

■本書の音声について

　本書の音声は Gakken の音声再生アプリ「my-oto-mo」を使用して再生できます。

　下記からアプリをスマホにダウンロードした後,「本をさがす」から本書の音声をダウンロードして利用ください。

Gakkenのリスニング・スピーキングアプリ「my-oto-mo」

https://gakken-ep.jp/extra/myotomo/

※ アプリは無料ですが,通信料はお客様のご負担になります。

※ お客様のネット環境および端末の設定等により,音声を再生できない場合,当
　社は責任を負いかねます。

※ 上記のURLから,mp3音声をPCなどにダウンロードすることもできます。お手
　持ちの音声プレーヤーなどに入れて聞くこともできます。

■音声の構成

　単語と日本語訳,長文の音声が収録されています。音声の構成は次のようになっています。

英単語 50 語と日本語訳

英単語の音声と日本語訳がリズムに合わせて読まれます。
空白の部分で自分で単語を発音してみましょう。

| 英単語 1 | 日本語訳 1 | 英単語 1 | 空白 | 英単語 2 | 日本語訳 2 | 英単語 2 | 空白 |

(例)「have」　「持っている」　「have」　　　　　「about」　「について」　「about」
(ネイティブ)　(日本人)　(ネイティブ)　　　　　(ネイティブ)　(日本人)　(ネイティブ)

★英語の部分は,すべてネイティブ・スピーカーによる録音です。
★日本語訳が複数ある場合でも,代表的な1種類の訳だけを読んでいます。
★1ページで1トラックとなっています。

長文の英語音声

各レベルの最後にある「長文読解に挑戦」の英語音声が読まれます。
(長文の日本語訳の音声は収録されていません。)

■ 使い方アドバイス

> 単語をしっかりと覚えるためには，復習が非常に大切です。音声と赤
> フィルターを最大限に活用して，何度も繰り返し学習しましょう。

❶ 付属の赤フィルターで，意味がわかるかどうか確認しましょう。

　　まずは付属の赤フィルターで日本語訳を隠しながら，知っている単語か
どうかを確認していきましょう。

　　このとき，えんぴつなどでチェックらん（見出し語の左上の □ マーク）
に印をつけていくとよいでしょう。

　　本書では，入試分析にもとづき，入試問題で使われる最小限の意味しか
掲載していません。**赤文字になっている単語の意味は，すべて覚えるよう
にしましょう。**

❷ 50語学習したら，音声を聞きましょう。

　　50語（7ページぶん）の学習が終わったら，my-oto-moで音声を再生して
発音を確認していきます。

　　音声を聞いているときは，**日本語の意味は見ない**ようにします。見出し
語（英単語）だけを目で追っていくようにしましょう。

　　すべての単語がスムーズに耳に入ってくるようになるまで，繰り返し音
声を聞いてください。

❸ 長文読解に挑戦！

　　最後に，各レベルの最後のページにあるミニ長文を読んでみましょう（ペ
ージ下の日本語訳は，最初は見てはいけません）。すでに学習した単語だけ
で書かれた長文ですので，自信をもって取り組みましょう。

　　そのレベルで学習したばかりの単語には，うすい赤で色をぬって，意味
をつけてあります。意味を見たくない人は赤フィルターで隠してください。

　　**わからない単語があったら，巻末のさくいんで掲載ページを調べて，必
ず復習しましょう。**

　　長文の音声も収録されていますので，活用してください。

■その他

〈復習コーナーについて〉

各ページの下に，前の見開きで学習した単語を「和→英」形式でチェックできるコーナーがあります。付属の赤フィルターを使って取り組んでみましょう。

〈不規則動詞の過去形について〉

本書では，読解を苦手とする人でも学習しやすいように，saidやwentといった不規則動詞の変化形も1語として見出し語で扱っています。本書では原形よりも過去形のほうを先に学習する場合がありますが，これは実際の入試分析結果に忠実に，頻度順に配列していることによるものです。

〈発音について〉

本書の発音記号は，米音のうち1例のみを代表として掲載しています。また，発音をカタカナで表していますが，英語の発音をカタカナで正確に表すのは困難です。カタカナは参考程度にとどめ，音声を繰り返し聞くようにしましょう。

本書の記号

〈品詞表示〉

　名　名詞または名詞の働きをする語句　　代　代名詞

　動　動詞　　助　助動詞　　形　形容詞　　副　副詞　　前　前置詞

　接　接続詞　　間　間投詞　　冠　冠詞

〈語形変化〉

　過　過去形 － 過去分詞

　複　複数形

　比　比較級 － 最上級

　関連　関連語句

基本単語350

（基本単語 350 は，音声は収録されていません）

代名詞や be 動詞のように英文の骨組みとなる基本的な単語と，おもに小学校で学習する身近なものの名前などの簡単な単語を，ジャンル別に整理してまとめました。これらの 350 語を確認してから，本編の学習を始めましょう。

■ 人称代名詞の変化

	～は，～が （主格）	～の （所有格）	～を，～に （目的格）	～のもの （所有代名詞）
私	☐I [ai]アイ	☐my [mai]マイ	☐me [mi:]ミー	☐mine [main]マイン
あなた， あなたたち	☐you [ju:]ユー	☐your [juər]ユアァ	☐you [ju:]ユー	☐yours [juərz]ユアズ
彼	☐he [hi:]ヒー	☐his [hiz]ヒズ	☐him [him]ヒム	☐his [hiz]ヒズ
彼女	☐she [ʃi:]シー	☐her [hə:r]ハ～	☐her [hə:r]ハ～	☐hers [hə:rz]ハ～ズ
それ	☐it [it]イト	☐its [its]イッ	☐it [it]イト	—
私たち	☐we [wi:]ウィー	☐our [áuər]アウアァ	☐us [ʌs]アス	☐ours [áuərz]アウアズ
彼ら，彼女ら， それら	☐they [ðei]ゼイ	☐their [ðeər]ゼアァ	☐them [ðem]ゼム	☐theirs [ðeərz]ゼアズ

■ 指示代名詞

☐this これ [ðis]ズィス	☐that あれ [ðæt]ザット	☐these これら [ði:z]ズィーズ	☐those あれら [ðouz]ゾウズ

■ 冠詞

☐a 1つの [ə]ア	☐an 1つの（母音で始 [ən]アン まる語の前で使う）	☐the その [ðə]ザ

■「～自身」を表す代名詞

□myself 私自身 [maisélf] マイ**セ**ゥフ	□himself 彼自身 [himsélf] ヒム**セ**ゥフ
□yourself あなた自身 [juərsélf] ユア**セ**ゥフ	□herself 彼女自身 [hərsélf] ハ**セ**ゥフ
□ourselves 私たち自身 [auərsélvz] アウア**セ**ゥヴズ	□itself それ自身 [itsélf] イト**セ**ゥフ
□yourselves あなたたち自身 [juərsélvz] ユア**セ**ゥヴズ	□themselves 彼ら自身， [ðəmsélvz] ゼム**セ**ゥヴズ 彼女ら自身

■ be 動詞の変化 （原形 be [bi:] ビー） ■ do の変化

主語	現在形	過去形	過去分詞	現在形	過去形	過去分詞
I	□am [æm] **ア**ム	□was [wɑz] **ワ**ズ		□do [du:] **ドゥー**		
3人称単数	□is [iz] **イ**ズ		□been [bin] ビン	□does [dʌz] **ダ**ズ	□did [did] **ディ**ド	□done [dʌn] **ダ**ン
you, 複数	□are [ɑ:r] **アー**ァ	□were [wə:r] **ワ～**ァ		□do [du:] **ドゥー**		

■ 基本的な前置詞

□at [æt] **ア**ト	▶ at the station （駅**で**） ▶ at ten （10時**に**）
□on [ɑn] **ア**ン	▶ on the desk （机**の上に**） ▶ on Sunday （日曜日**に**）
□in [in] **イ**ン	▶ in the box （箱**の中に**） ▶ in June （6月**に**）
□to [tu:] **トゥー**	▶ go to school （学校**に**行く）
□of [əv] **ア**ヴ	▶ the name of this flower （この花**の**名前）
□for [fɔ:r] **フォー**ァ	▶ for a week （1週**間**） ▶ for me （私**のために**）
□from [frəm] フ**ラ**ム	▶ a letter from Kenji （健二**からの**手紙）
□with [wið] **ウィ**ズ	▶ with her （彼女**と**）

■ 基本的な接続詞

□and ～と…, そして
[ænd]アンド

□but しかし
[bʌt]バト

□or ～か…, または
[ɔːr]オーァ

■ 基本的な副詞

□out 外に
[aut]アウト

□up 上に
[ʌp]アプ

□off はなれて
[ɔːf]オーフ

□down 下に
[daun]ダウン

■ 月の名前

□January 1月
[dʒǽnjueri]ヂャニュエリ

□February 2月
[fébrueri]フェブルエリ

□March 3月
[mɑːrtʃ]マーチ

□April 4月
[éiprəl]エイプリゥ

□May 5月
[mei]メイ

□June 6月
[dʒuːn]ヂューン

□July 7月
[dʒulái]ヂュライ

□August 8月
[ɔ́ːgəst]オーガスト

□September 9月
[septémbər]セプテンバァ

□October 10月
[aktóubər]アクトウバァ

□November 11月
[nouvémbər]ノウヴェンバァ

□December 12月
[disémbər]ディセンバァ

■ 曜日の名前

□Sunday 日曜日
[sʌ́ndei]サンデイ

□Monday 月曜日
[mʌ́ndei]マンデイ

□Tuesday 火曜日
[tjúːzdei]テューズデイ

□Wednesday 水曜日
[wénzdei]ウェンズデイ

□Thursday 木曜日
[θə́ːrzdei]サ～ズデイ

□Friday 金曜日
[fráidei]フライデイ

□Saturday 土曜日
[sǽtərdei]サタデイ

■ 季節の名前

□spring 春
[spriŋ]スプリング

□summer 夏
[sʌ́mər]サマァ

□fall 秋
[fɔːl]フォーゥ

□winter 冬
[wintər]ウィンタァ

■ 数

0 □zero
[zírou]**ズィ**ロウ

▼基数（個数を表す）	▼序数（順序を表す）		▼基数（個数を表す）	▼序数（順序を表す）
1 □one [wʌn]**ワ**ン	□first [fə́ːrst]**ファ**～スト	**15** □fifteen [fiftíːn]フィフ**ティー**ン	□fifteenth [fiftíːnθ]フィフ**ティー**ンス
2 □two [tuː]**トゥー**	□second [sékənd]**セ**カンド	**16** □sixteen [sikstíːn]スィクス**ティー**ン	□sixteenth [sikstíːnθ]スィクス**ティー**ンス
3 □three [θriː]**ス**リー	□third [θəːrd]**サ**～ド	**17** □seventeen [sevəntíːn]セヴン**ティー**ン	□seventeenth [sevəntíːnθ]セヴン**ティー**ンス
4 □four [fɔːr]**フォー**ァ	□fourth [fɔːrθ]**フォー**ス	**18** □eighteen [eitíːn]エイ**ティー**ン	□eighteenth [eitíːnθ]エイ**ティー**ンス
5 □five [faiv]**ファ**イヴ	□fifth [fifθ]**フィ**フス	**19** □nineteen [naintíːn]ナイン**ティー**ン	□nineteenth [naintíːnθ]ナイン**ティー**ンス
6 □six [siks]**スィ**クス	□sixth [siksθ]**スィ**クスス	**20** □twenty [twénti]ト**ウェ**ンティ	□twentieth [twéntiəθ]ト**ウェ**ンティエス
7 □seven [sévən]**セ**ヴン	□seventh [sévənθ]**セ**ヴンス	**21** □twenty-one [twentiwʌ́n]トゥエンティ**ワ**ン	□twenty-first [twentifə́ːrst]トゥエンティ**ファ**～スト
8 □eight [eit]**エ**イト	□eighth [eitθ]**エ**イトス	**30** □thirty [θə́ːrti]**サ**～ティ	□thirtieth [θə́ːrtiəθ]**サ**～ティエス
9 □nine [nain]**ナ**イン	□ninth [nainθ]**ナ**インス	**40** □forty [fɔ́ːrti]**フォー**ティ	□fortieth [fɔ́ːrtiəθ]**フォー**ティエス
10 □ten [ten]**テ**ン	□tenth [tenθ]**テ**ンス	**50** □fifty [fífti]**フィ**フティ	□fiftieth [fíftiəθ]**フィ**フティエス
11 □eleven [ilévən]イ**レ**ヴン	□eleventh [ilévənθ]イ**レ**ヴンス	**60** □sixty [síksti]**スィ**クスティ	□sixtieth [síkstiəθ]**スィ**クスティエス
12 □twelve [twelv]ト**ウェ**ゥヴ	□twelfth [twelfθ]ト**ウェ**ゥフス	**70** □seventy [sévənti]**セ**ヴンティ	□seventieth [sévəntiəθ]**セ**ヴンティエス
13 □thirteen [θəːrtíːn]サ～**ティー**ン	□thirteenth [θəːrtíːnθ]サ～**ティー**ンス	**80** □eighty [éiti]**エ**イティ	□eightieth [éitiəθ]**エ**イティエス
14 □fourteen [fɔːrtíːn]フォー**ティー**ン	□fourteenth [fɔːrtíːnθ]フォー**ティー**ンス	**90** □ninety [náinti]**ナ**インティ	□ninetieth [náintiəθ]**ナ**インティエス

■ 身近な英単語・カタカナ語など

〈身の回りのもの〉

□album
[ǽlbəm]**ア**ゥ**バ**ム
アルバム

□coin
[kɔin]**コ**イン
コイン，硬貨

□backpack
[bǽkpæk]**バ**ックパック
バックパック，
リュックサック

□computer
[kəmpjúːtər]カン**ピュー**タァ
コンピューター

□bag
[bægl]**バ**ッグ
かばん，袋

□cup
[kʌpl]**カ**ッブ
カップ，茶わん

□ball
[bɔːl]**ボー**ゥ
ボール

□fork
[fɔːrk]**フォー**ク
フォーク

□balloon
[bəlúːn]バ**ルー**ン
風船

□knife
[naifl]**ナ**イフ
ナイフ

□basket
[bǽskit]**バ**スケット
かご

□lamp
[læmpl]**ラ**ンプ
ランプ，電気スタ
ンド

□bat
[bætl]**バ**ット
（野球の）バット

□racket
[rǽkit]**ラ**ケット
ラケット

□book
[bukl]**ブ**ック
本

□radio
[réidioul]**レ**イディオウ
ラジオ

□calendar
[kǽləndər]**キャ**レンダァ
カレンダー

□spoon
[spuːn]ス**プー**ン
スプーン

□camera
[kǽmərə]**キャ**メラ
カメラ

□towel
[táuəl]**タ**ウエゥ
タオル

□CD
[síːdíː]ス**イーディー**
CD（コンパクト
ディスク）

□TV
[tíːvíː]**ティーヴィー**
テレビ

〈服・身につけるもの〉

□apron
[éiprən]**エ**イプラン
エプロン

□mask
[mæsk]**マ**スク
マスク

□hat
[hætl]**ハ**ット
ぼうし

□pants
[pænts]**パ**ンッ
ズボン

□jacket
[dʒǽkit]**ヂャ**ケット
上着，ジャケット

□pocket
[pákit]**パ**ケット
ポケット

□jeans
[dʒiːnz]**ヂー**ンズ
ジーンズ

□skirt
[skəːrt]ス**カ**～ト
スカート

11

〈部屋・家具・施設など〉

□ bathroom 浴室，トイレ
[bǽθru:m] **バ**スルーム

□ elevator エレベーター
[éləveitər] **エ**レヴェイタァ

□ bed ベッド
[bed] **ベ**ッド

□ living room 居間，リビング
[líviŋ ru:m] **リ**ヴィングルーム

□ bedroom 寝室
[bédru:m] **ベ**ッドルーム

□ pool プール
[pu:l] **プ**ーゥ

□ bench ベンチ
[bentʃ] **ベ**ンチ

□ shower シャワー
[ʃáuər] **シャ**ウアァ

□ chair いす
[tʃeər] **チェ**アァ

□ sofa ソファー
[sóufə] **ソ**ウファ

□ desk 机
[desk] **デ**スク

□ table テーブル
[téibl] **テ**イボゥ

〈文房具〉

□ eraser 消しゴム
[iréisər] イ**レ**イサァ

□ pencil case 筆箱
[pénsl keis] **ペ**ンスゥケイス

□ notebook ノート
[nóutbuk] **ノ**ウトブック

□ ruler 定規
[rú:lər] **ル**ーラァ

□ pen ペン
[pen] **ペ**ン

□ scissors はさみ
[sízərz] ス**イ**ザァズ

□ pencil えんぴつ
[pénsl] **ペ**ンスゥ

□ stapler ホッチキス
[stéiplər] ス**テ**イプラァ

〈楽器〉

□ bell ベル，鈴
[bel] **ベ**ゥ

□ harmonica ハーモニカ
[hɑ:mánikə] ハー**マ**ニカ

□ drum 太鼓，ドラム
[drʌm] **ド**ラム

□ piano ピアノ
[piǽnou] ピ**ア**ノウ

□ flute フルート
[flu:t] フ**ル**ート

□ trumpet トランペット
[trʌ́mpit] ト**ラ**ンペット

□ guitar ギター
[gitá:r] ギ**タ**ーァ

□ violin バイオリン
[vaiəlín] ヴァイア**リ**ン

12

〈スポーツ〉

□ badminton　バドミントン
[bǽdmintən] **バ**ドミントン

□ baseball　野球
[béisbɔːl] **ベイ**スボーゥ

□ basketball　バスケットボール
[bǽskitbɔːl] **バ**スキトボーゥ

□ cycling　サイクリング
[sáikliŋ] **サイ**クリング

□ football　フットボール
[fútbɔːl] **フ**ットボーゥ

□ golf　ゴルフ
[galfl] **ガ**ゥフ

□ jogging　ジョギング
[dʒágiŋ] **ヂャ**ギング

□ marathon　マラソン
[mǽrəθən] **マ**ラサン

□ rugby　ラグビー
[rʌ́gbi] **ラ**グビィ

□ skating　スケート
[skéitiŋ] ス**ケイ**ティング

□ skiing　スキー
[skíːiŋ] ス**キー**イング

□ soccer　サッカー
[sákər] **サ**カァ

□ surfing　サーフィン
[sə́ːrfiŋ] **サ**〜フィング

□ swimming　水泳
[swímiŋ] ス**ウィ**ミング

□ table tennis　卓球
[téibl tenis] **テイ**ボゥテニス

□ team　チーム
[tiːm] **ティー**ム

□ tennis　テニス
[ténis] **テ**ニス

□ volleyball　バレーボール
[válibɔːl] **ヴァ**リボーゥ

〈行事〉

□ birthday　誕生日
[bə́ːrθdeil] **バ**〜スデイ

□ Christmas　クリスマス
[krísməs] ク**リ**スマス

□ field trip　遠足，校外見学
[fíːld trip] **フィー**ゥドトリップ

□ Halloween　ハロウィーン
[hæloúiːn] ハロ**ウィー**ン

□ New Year's Day　元日
[njúː jiərz dei] **ニュー**イアァズデイ

□ New Year's Eve　大みそか
[njúː jiərz iːv] **ニュー**イアァズ**イー**ヴ

□ Olympic　オリンピックの
[əlímpik] ア**リ**ンピゥ

□ Paralympic　パラリンピックの
[pærəlímpik] パラ**リ**ンピゥ

□ picnic　ピクニック
[píknik] **ピ**ゥニゥ

□ school festival　学校祭
[skúːl festivəl] ス**クー**ゥフェスティヴァゥ

□ school trip　修学旅行
[skúːl trip] ス**クー**ゥトリップ

□ sports day　運動会
[spɔ́ːrts dei] ス**ポー**ッデイ

〈乗り物〉

□boat [bout]ボウト	ボート，船	□taxi [tǽksi]タクスィ	タクシー
□car [kɑ:r]カーア	車	□truck [trʌk]トラック	トラック

〈果物・野菜など〉

□apple [ǽpl]アポゥ	りんご	□melon [mélən]メロン	メロン
□banana [bənǽnə]バナナ	バナナ	□mushroom [mʌ́ʃru:m]マシルーム	きのこ
□bean [bi:n]ビーン	豆	□nut [nʌt]ナット	木の実，ナッツ
□broccoli [brάkəli]ブラコリィ	ブロッコリー	□onion [ʌ́njən]アニョン	たまねぎ
□cabbage [kǽbidʒ]キャベヂ	キャベツ	□orange [ɔ́:rindʒ]オーリンヂ	オレンジ
□carrot [kǽrət]キャロト	にんじん	□peach [pi:tʃ]ピーチ	桃
□corn [kɔ:rn]コーン	とうもろこし	□pineapple [páinæpl]パイナポゥ	パイナップル
□cucumber [kjú:kʌmbər]キューカンバァ	きゅうり	□potato [pətéitou]ポテイトウ	じゃがいも
□grapefruit [gréipfru:t]グレイプフルート	グレープフルーツ	□pumpkin [pʌ́mpkin]パンプキン	かぼちゃ
□grapes [greips]グレイプス	ぶどう	□strawberry [strɔ́:beri]ストローベリ	いちご
□lemon [lémən]レモン	レモン	□tomato [təméitou]トメイトウ	トマト

〈食材・料理〉

□bacon [béikən]ベイコン	ベーコン	□beef [bi:f]ビーフ	牛肉

□cheese チーズ		□pizza ピザ	
[tʃiːz] **チーズ**		[píːtsə] **ピーツァ**	
□chicken とり肉		□pork 豚肉	
[tʃíkin] **チキン**		[pɔːrk] **ポーク**	
□curry カレー		□salad サラダ	
[kɔ́ːri] **カ〜リィ**		[sǽləd] **サラ**ド	
□French fries フライドポテト		□sandwich サンドイッチ	
[frentʃ fráiz] フレンチフ**ライズ**		[sǽndwitʃ] **サン**ドウイチ	
□fried chicken フライドチキン		□sausage ソーセージ	
[fraid tʃíkin] フライド**チキン**		[sɔ́ːsidʒ] **ソーセ**ヂ	
□ham ハム		□soup スープ	
[hæm] **ハ**ム		[suːp] **スー**プ	
□hot dog ホットドッグ		□spaghetti スパゲッティ	
[hát dɔːg] **ハ**ットドーグ		[spəgéti] スパ**ゲティ**	
□noodles めん類		□steak ステーキ	
[núːdlz] **ヌー**ドゥズ		[steik] ス**テイ**ク	
□omelet オムレツ		□toast トースト	
[ámlit] **ア**ムレト		[toust] **トウ**スト	

〈調味料など〉

□butter バター		□pepper こしょう	
[bʌ́tər] **バ**タァ		[pépər] **ペ**パァ	
□honey はちみつ		□salt 塩	
[hʌ́ni] **ハ**ニィ		[sɔːlt] **ソー**ウト	
□jam ジャム		□sugar 砂糖	
[dʒæm] **ヂャ**ム		[ʃúgər] **シュ**ガァ	

〈飲み物〉

□coffee コーヒー		□juice ジュース	
[kɔ́ːfi] **コー**フィ		[dʒuːs] **ヂュー**ス	
□cola コーラ		□milk 牛乳	
[kóulə] **コ**ウラ		[milk] **ミ**ゥク	
□green tea 緑茶		□tea 紅茶, 茶	
[gríːn tiː] グ**リー**ンティー		[tiː] **ティー**	

15

〈お菓子・デザート〉

□cake　ケーキ
[keik]**ケ**イク

□candy　キャンディー
[kǽndi]**キャ**ンディ

□chocolate　チョコレート
[tʃάklət]**チャ**クレト

□cookie　クッキー
[kúki]**ク**キィ

□dessert　デザート
[dizə́ːrt]ディ**ザ**〜ト

□donut　ドーナツ
[dóunʌt]**ド**ウナト

□ice cream　アイスクリーム
[áis kriːm]**ア**イスクリーム

□pancake　パンケーキ
[pǽnkeik]**パ**ンケイク

□pie　パイ
[pai]**パ**イ

□popcorn　ポップコーン
[pápkɔːrn]**パ**ップコーン

□potato chips　ポテトチップス
[pətéitou tʃips]ポ**テ**イトウチプス

□snack　軽食, おやつ
[snæk]ス**ナ**ック

〈動物〉

□bear　クマ
[beər]**ベ**アァ

□cat　ネコ
[kæt]**キャ**ット

□dog　犬
[dɔːg]**ド**ーグ

□dolphin　イルカ
[dálfin]**ダ**ゥフィン

□elephant　ゾウ
[éləfənt]**エ**レファント

□gorilla　ゴリラ
[gərílə]ゴ**リ**ラ

□kangaroo　カンガルー
[kæŋgərúː]キャンガ**ル**ー

□koala　コアラ
[kouάːlə]コ**ア**ーラ

□lion　ライオン
[láiən]**ラ**イオン

□monkey　サル
[mʌ́ŋki]**マ**ンキ

□mouse　ネズミ
[maus]**マ**ウス

□panda　パンダ
[pǽndə]**パ**ンダ

□pig　ブタ
[pig]**ピ**ッグ

□rabbit　ウサギ
[rǽbit]**ラ**ビット

□sheep　ヒツジ
[ʃiːp]**シ**ープ

□tiger　トラ
[táigər]**タ**イガァ

□whale　クジラ
[hweil]ゥ**ウェ**イゥ

□zebra　シマウマ
[zíːbrə]**ズ**ィーブラ

〈虫・魚・鳥など〉

□ant	アリ	□shark	サメ
[ænt]**アン**ト		[ʃɑːrk]**シャー**ク	
□butterfly	チョウ	□snake	ヘビ
[bʌ́tərflai]**バタ**ｯライ		[sneik]ス**ネイ**ク	
□frog	カエル	□spider	クモ
[frɔːg]ｯ**フロー**ｸ		[spáidər]ス**パイ**ダｧ	
□penguin	ペンギン	□turtle	カメ，ウミガメ
[péŋgwin]**ペン**ｸ**ウィン**		[tə́ːrtl]**ター**ﾄｩ	

〈略語・敬称など〉

□Mr.	～さん，～先生	□U.K.	(the をつけて) イギリス
[místər]**ミ**スタｧ	(男性の敬称)	[juːkéil]ユー**ケイ**	(the United Kingdom)
□Ms.	～さん，～先生	□U.S.	(the をつけて) アメリカ
[miz]**ミ**ズ	(女性の敬称)	[juːés]ユー**エ**ス	合衆国 (the United States)
□Mrs.	～さん，～先生	□P.E.	体育
[mísiz]**ミ**スｲｽ	(既婚女性の敬称)	[píːíː]**ピー**イー	(physical education)
□Miss	～さん，～先生	□ALT	外国語指導助手の先生
[mis]**ミ**ス	(未婚女性の敬称)	[éieltíː]**エイエ**ｯ**ティー**	(assistant language teacher)
□Dr.	～博士，～医師	□a.m.	午前
[dáktər]**ダ**クタｧ		[éiém]**エイエ**ﾑ	▶ 10 a.m. (午前10時)
□Mt.	～山	□p.m.	午後
[maunt]**マウン**ト	▶ Mt. Fuji（富士山）	[píːém]**ピーエ**ﾑ	▶ 10 p.m. (午後10時)

〈その他の基本語〉

□hello	こんにちは，	□OK	よろしい，オーケー
[helóu]ヘ**ロウ**	(電話で) もしもし	[oukéil]オウ**ケイ**	(okayともつづる)
□hi	やあ，こんにちは	□yes	はい
[hai]**ハイ**		[jes]**イエ**ス	
□hey	やあ，おい	□no	いいえ
[hei]**ヘイ**		[nou]**ノウ**	
□goodbye	さようなら	□yeah	うん，ああ
[gudbái]ｸ**バイ**	(good-byeともつづる)	[jeə]**イエア**	
□bye	じゃあね	□not	～ない
[bai]**バイ**		[nɑt]**ナッ**ト	

17

□351 have

[hæv] **ハ**ヴ

過 had　**3単現** has

動 **持っている, 食べる**

(have to 〜 で)**〜しなければならない**

▶ I have to go. （私は行かなくてはなりません。）

□352 about

[əbáut] **アバ**ウト

前 **〜について**　副 **およそ**

□353 will

[wil] **ウィ**ゥ

過 would

助 **〜だろう（未来を表す）**

(Will you 〜? で)**〜してくれますか。**

＊will not の短縮形は won't。

□354 can

[kæn] **キャ**ン

過 could

助 **〜できる**

(Can you 〜? で)**〜してくれますか。**

(Can I 〜? で)**〜してもいいですか。**

□355 very

[véri] **ヴェ**リ

副 **とても**

□356 people

[píːpl] **ピー**ポゥ

名 **人々**

□357 go

[gou] **ゴ**ウ

過 went － gone

動 **行く**

(be going to 〜 で)**〜するつもりだ**

▶ I'm going to go there. （私はそこに行くつもりです。）

□358 said

[sed] **セ**ッド　**発音注意**

動 **say（言う）の過去形・過去分詞**

▶ He said, "Yes, I can."

（彼は「はい, できます。」と言った。）

when

☐359

[*h*wen] フ**ウェン**

副 **いつ** 接 **〜するとき**

▶ I came to Japan when I was ten.

（私は10歳のときに日本に来ました。）

there

☐360

[ðeər] **ゼ**アァ

副 **そこに**

want

☐361

[wɑnt] **ワ**ント

動 **ほしい**，（want to 〜 で）**〜したい**

so

☐362

[sou] **ソ**ウ

副 **そんなに，そのように** 接 **それで**

▶ I think so.（私はそう思います。）

like

☐363

[laik] **ライ**ク

動 **好きだ** 前 **〜のような**

▶ He is like a baby.（彼は赤ちゃんのような人です。）

many

☐364

[méni] **メ**ニ

比 more − most

形 **たくさんの（多数の）**

（How many 〜? で）**いくつ〜。**（数をたずねる）

＊**many は数えられる名詞に使う。**

good

☐365

[gud] **グ**ッド

比 better − best

形 **よい**

（be good at 〜 で）**〜が得意だ**

what

☐366

[*h*wɑt] フ**ワ**ット

代 形 **何（の）**

400語レベル Level 01

367 some [sʌm] サム
形 いくつかの，いくらかの
▶ some water（いくらかの水）

368 school [skuːl] スクーゥ
名 学校

369 how [hau] ハウ
副 どんな，どのようにして
(How about ~? で)～はどうですか。

370 day [dei] デイ
名 日

371 think [θiŋk] スィンク
過 thought
動 思う

372 see [siː] スィー
過 saw － seen
動 見える（目に入る），会う
(I see. で)わかりました。
▶ Can you see that?（あれが見えますか。）

373 know [nou] ノウ
過 knew － known
動 知っている

得点アップ　how to ~ で「どうやって～するか」「～する方法」という意味になります。
I don't know how to get there.（どうやってそこに行けばいいかわかりません。）

⤴ p.18の復習

□ 持っている	have	□ ～について	about	□ ～だろう	will
□ will not の短縮形	won't	□ ～できる	can	□ とても	very
□ 人々	people	□ 行く	go	□ say の過去形	said

20

□374 **time**
[taim] **タイ**ム

名 **時間，回**
▸ have a good time （楽しい時を過ごす）
▸ three times（3回）

□375 **thing**
[θiŋ] **スィ**ング

名 **こと，もの**

□376 **Japanese**
[dʒæpəni:z] **ヂャパニー**ズ

形 **日本の** 名 **日本人，日本語**

□377 **now**
[nau] **ナ**ウ

副 **今**

□378 **look**
[luk] **ル**ック

動 （look 〜 で）**〜に見える**
（look at 〜 で）**〜を見る（目を向ける）**
（look for 〜 で）**〜をさがす**

□379 **English**
[íŋgliʃ] **イン**グリシュ

名 形 **英語（の）**

□380 **well**
[wel] **ウェ**ゥ
比 better − best

副 **じょうずに**
間 （会話をつなぐことばとして）**ええと**

得点アップ 「〜に見える」という意味の look に注意しましょう。look like 〜 だと「〜のように見える」という意味になります。 He looks happy.（彼は幸せそうに見える。）
He looks like my father.（彼は私の父に似ている。）

↻ p.19の復習

□ 〜するとき	**when**	□ そこに	**there**	□ 〜したい	**want to 〜**
□ そんなに，それで	**so**	□ 好きだ	**like**	□ たくさんの	**many**
□ いくつ〜?	**How many 〜 ?**	□ よい	**good**	□ 何	**what**

□ 381

talk

[tɔːk] **トー**ク

動 **話す（会話する）**

▸ talk with Kumi （久美と話す）

▸ talk about soccer （サッカーについて話す）

□ 382

Japan

[dʒəpǽn] **ヂャパン**

名 **日本**

(関連) Japanese（日本の，日本人，日本語）

□ 383

year

[jiər] **イア**ァ

名 **年**

□ 384

lot

[lɑt] **ラッ**ト

名 （a lot で）**たくさん**

　（a lot of ~ で）**たくさんの~**

□ 385

make

[meik] **メイ**ク

過 made

動 **作る**，（make A B で）**A を B にする**

▸ This song makes me happy.

　（この歌は私を幸せにしてくれます。）

□ 386

student

[stjúːdənt] ス**テューデン**ト

名 **生徒**

□ 387

thank

[θæŋk] **サン**ク

動 **感謝する**

（Thank you. または Thanks. で）**ありがとう。**

▸ Thanks a lot. （どうもありがとう。）

(得点アップ) thank you for ~ で「~をありがとう」の意味になります。for のあとには名詞や動名詞がきます。
Thank you for calling me. （電話をくれてありがとう。）

↻ p.20の復習

□ いくつかの	some	□ 学校	school	□ どのようにして	how
□ 日	day	□ 思う	think	□ 見える	see
□ わかりました。	I see.	□ 知っている	know		

□ 388	**use** [ju:z] **ユー**ズ	動 **使う**
□ 389	**then** [ðen] **ゼ**ン	副 **そのとき, それでは**
□ 390	**because** [bikɔ́:z] ビ**コー**ズ	接 **なぜなら(〜だから)**
□ 391	**friend** [frend] フ**レ**ンド	名 **友だち**
□ 392	**come** [kʌm] **カ**ム 過 came — come	動 **来る**
□ 393	**happy** [hǽpi] **ハ**ピ	形 **幸せな** *be happy to 〜 で「〜してうれしい」。 ▶ I'm happy to hear that. (それを聞いてうれしい。)
□ 394	**work** [wə:rk] **ワ**〜ク	動 **働く** 名 **仕事**

1600
1500
1400
1300
1200
1100
1000
900
800
700
600
500
400

400語レベル Level 01

↻ **p.21の復習**

□ 時間	time	□ こと, もの	thing	□ 日本の	Japanese
□ 今	now	□ 〜に見える	look	□ 〜を見る	look at 〜
□ 〜をさがす	look for 〜	□ 英語	English	□ じょうずに	well

23

□ 395	enjoy [indʒɔ́i] インヂョイ	動 楽しむ ＊enjoy ～ing で「～するのを楽しむ」。 ▶ enjoy talking（おしゃべりを楽しむ）
□ 396	too [tuː] トゥー	副 ～もまた，あまりに～すぎる ▶ Me, too.（私もです。） ▶ too late（遅すぎる）
□ 397	play [plei] プレイ	動 (楽器を)演奏する，(スポーツを)する， 遊ぶ 名 劇
□ 398	after [ǽftər] アフタァ	前 接 ～のあとに ▶ after school（放課後） 関連 before（～の前に）
□ 399	more [mɔːr] モーァ	形 もっと多くの
□ 400	much [mʌtʃ] マッチ 比 more － most	形 たくさんの(多量の) (How much ～? で) (量・金額が)いくら～？ (very much で) とても ＊much は数えられない名詞に使う。

得点アップ 〈too … to ～〉で「…すぎて～できない」の意味になります。
I'm too tired to walk.（私は疲れすぎて歩けません。）

🔁 p.22の復習

□ 話す	talk	□ 日本	Japan	□ 年	year
□ たくさんの～	a lot of ～	□ 作る	make	□ 生徒	student
□ 感謝する	thank				

1600
1500
1400
1300
1200
1100
1000
900
800
700
600
500
400

長文読解に挑戦 『テニスはいつがいい？』
400 語レベルの英文

🎧 008

Lisa: Hi, Satoshi. Do you want to play tennis after
～したい   する   ～のあとで

school on Friday?
学校

Satoshi: *Sorry, I don't have much time on Friday. I
持っている たくさんの 時間

have to go to English school.
～しなければならない 行く 英語の   学校

Lisa: Oh, OK.

Satoshi: How about Saturday?
～はどうですか

Lisa: Oh, Saturday isn't good. My friend is going to
よい   友だち   ～するつもりだ

come from Osaka to see me.
来る   会う

Satoshi: How about Sunday, then?
～はどうですか   では

Lisa: Sunday is good!
よい

*Sorry.：ごめんなさい。

リサ：　こんにちは，サトシ。金曜日
　　　　の放課後にテニスをしない？
サトシ：ごめん，金曜日はあまり時間
　　　　がないんだ。英語教室に行か
　　　　ないといけないんだ。
リサ：　ああ，わかった。
サトシ：土曜日はどう？
リサ：　ああ，土曜日はよくないな。
　　　　友だちが，私に会いに大阪か
　　　　ら来るの。
サトシ：じゃあ日曜日はどう？
リサ：　日曜日ならいいよ！

↩ p.23の復習

☐ 使う	use	☐ そのとき	then	☐ なぜなら	because
☐ 友だち	friend	☐ 来る	come	☐ 幸せな	happy
☐ 働く	work				

401	other [ʌ́ðər] アザァ	形 ほかの 代 (others で) 他人
402	learn [lə́ːrn] ラ〜ン	動 習い覚える, 知る ▶ learn how to swim（泳ぎ方を習う）
403	father [fɑ́ːðər] ファーザァ	名 父
404	really [ríːəli] リーァリ	副 ほんとうに
405	help [help] ヘゥプ	動 手伝う, 助ける　名 助け ▶ help him with his homework（彼の宿題を手伝う）
406	went [went] ウェント	動 go（行く）の過去形
407	mother [mʌ́ðər] マザァ	名 母 関連 father（父）
408	take [teik] テイク 過 took － taken	動 取る, 持っていく, 連れていく, （乗り物に）乗る,（時間が）かかる

1600
1500
1400
1300
1200
1100
1000
900
800
700
600
500
400

all
[ɔːl] オーゥ

形 **すべての** 代 **すべて**

right
[rait] ライト

名 形 **右(の)，正しい**

(All right. で) **よろしい。オーケー。**

picture
[píktʃər] ピクチャァ

名 **写真，絵**

▶ take a picture（写真をとる）

also
[ɔːlsou] オーゥソウ

副 **〜もまた**

by
[bai] バイ

前 **〜によって，〜のそばに，**

(期限を表して)〜までに

▶ by bike（自転車で）

read
[riːd] リード

過 read [発音は**レッド**]

動 **読む**

＊過去形は発音だけが変わることに注意。

if
[if] イフ

接 **もし（〜ならば）**

▶ if you have time（もしあなたに時間があれば）

450語レベル　Level 02

□ 楽しむ	enjoy	□ 〜もまた	too	□ 演奏する	play
□ 〜のあとに	after	□ 放課後	after school	□ もっと多くの	more
□ 多量の	much	□ いくら〜？	How much 〜?		

27

| 416 **country**
[kʌ́ntri] **カ**ントリ | 名 **国** |

| 417 **here**
[hiər] **ヒ**アァ | 副 **ここに**
(Here you are. で)**(物を渡して)はい, どうぞ。** |

| 418 **next**
[nekst] **ネ**クスト | 形 **次の**
▶ next week（来週） |

| 419 **say**
[sei] **セイ**
過 said | 動 **言う** |

| 420 **last**
[læst] **ラ**スト | 形 **この前の, 最後の**
▶ last year（去年） |

| 421 **get**
[get] **ゲ**ット
過 got — got / gotten | 動 **手に入れる**
(get up で)**起きる**
(get to ～ で)**～に着く** |

| 422 **ask**
[æsk] **ア**スク | 動 **たずねる, 頼む**
▶ He asked me, "What is it?"
（彼は私に「それは何？」とたずねた。） |

得点アップ 〈ask＋人＋to ～〉で「(人)に～するように頼む」という意味になります。
I asked him to speak slowly.（私は彼にゆっくり話すように頼みました。）

↻ p.26の復習

□ ほかの	other	□ 習い覚える	learn	□ 父	father
□ ほんとうに	really	□ 手伝う	help	□ go の過去形	went
□ 母	mother	□ 持っていく	take		

study [stʌ́di] スタディ — 動 勉強する

old [ould] オウゥド — 形 古い, 年とった (〜 years old で)〜歳 (How old 〜? で)何歳(どのくらい古い)か。

family [fǽməli] ファミリ — 名 家族

why [hwai] フワイ — 副 なぜ (Why don't you 〜? で)〜したらどうですか。

visit [vízit] ヴィズィト — 動 訪問する

who [hu:] フー — 代 だれ

important [impɔ́:rtnt] インポートント — 形 重要な 比 more 〜 − most 〜

450語レベル Level 02

得点アップ who は人をさす関係代名詞としても使われます。
I have a friend who lives in Kyoto. (私には京都に住んでいる友だちがいます。)

 p.27の復習

□ すべての	all	□ 右	right	□ 写真	picture
□ 〜もまた	also	□ 〜によって	by	□ 自転車で	by bike
□ 読む	read	□ もし〜ならば	if		

430 **could** [kud] **ク**ッド 発音注意	助 **〜できた(助動詞 can の過去形)** (Could you 〜? で)**〜していただけますか。**
431 **tell** [tel] **テ**ゥ 過 told	動 **伝える(話す),(道順などを)教える** ▸ Could you tell me the way to 〜? (〜へ行く道順を教えていただけますか。)
432 **should** [ʃud] **シュ**ッド 発音注意	助 **〜したほうがよい,〜すべきだ**
433 **every** [évri] **エ**ッリ	形 **すべての(どの〜もみな),毎〜** ＊あとにくる名詞は単数形になることに注意。 ▸ every day(毎日)
434 **start** [stá:rt] ス**ター**ト	動 **始める,始まる**
435 **try** [trai] ト**ライ**	動 **やってみる** (try to 〜 で)**〜しようと努める**
436 **life** [laif] **ライ**ㇷ	名 **生活,生命**

得点アップ 〈tell+人+to 〜〉で「(人)に〜するように言う」という意味になります。
Please tell her to call me back.
(彼女に私に折り返し電話をくれるように言ってください。)

↺ p.28の復習

□ 国	**country**	□ ここに	**here**	□ 次の	**next**
□ 来週	**next week**	□ 言う	**say**	□ 最後の	**last**
□ 去年	**last year**	□ 起きる	**get up**	□ たずねる	**ask**

eat

[i:t] イート

過 ate － eaten

動 **食べる**

house

[haus] ハウス

名 **家**

as

[æz] アズ

前 **〜として** 接 **〜と同じくらい**

▶ work as a teacher（教師として働く）

▶ He is as tall as Ken.（彼はケンと同じくらい背が高い。）

had

[hæd] ハド

動 **have（持っている）の過去形・過去分詞**

morning

[mɔ́:rniŋ] モーニング

名 **朝, 午前**

▶ in the morning（朝に, 午前中に）

please

[pli:z] プリーズ

副 **どうぞ**

▶ Would you like some coffee? － Yes, please.

（コーヒーはいかがですか。－はい, お願いします。）

home

[houm] ホウム

副 **家に** 名 **家庭**

▶ go home（家に帰る）

得点アップ　not as 〜 as … は「…ほど〜ではない」という意味になります。
He's not as tall as Ken.（彼はケンほど背が高くない。）

↩ p.29の復習

□ 勉強する	study	□ 古い	old	□ 何歳〜？	How old 〜?
□ 家族	family	□ なぜ	why	□ 〜したらどうですか。	Why don't you 〜?
□ 訪問する	visit	□ だれ	who	□ 重要な	important

□ 444	**live** [liv] **リ**ヴ	動 **住む**
□ 445	**came** [keim] **ケイ**ム	動 **come（来る）**の過去形
□ 446	**food** [fuːd] **フー**ド	名 **食べ物**
□ 447	**something** [sʌ́mθiŋ] **サ**ムスィング	代 **何か** ▶ something to eat（何か食べるもの）
□ 448	**high** [hai] **ハイ**	形 **高い** 関連 low（低い）
□ 449	**today** [tədéi] トゥ**デイ**	副 名 **きょう**
□ 450	**hard** [hɑːrd] **ハー**ド	副 **一生けんめいに** 形 **難しい** ▶ study hard（一生けんめいに勉強する）

🔄 p.30の復習

□ ～できた	could	□ ～していただけますか。	Could you ～ ?	□ 伝える	tell
□ ～したほうがよい	should	□ すべての，毎～	every	□ 始める	start
□ やってみる	try	□ ～しようと努める	try to ～	□ 生活	life

🎧016

Hello, I'm John White.　I'm from the U.S., and I'm fifteen years old.　I came to Japan as an *exchange student last year.　I live with my *homestay family in Chiba.　I really enjoy life here because I can learn a lot of things every day.　I think it's important to talk with people from other countries.　If you want to know something about the U.S., please ask me.　And please tell me a lot about Japan.

*exchange student：交換留学生　homestay family：ホームステイ先の家族（host family）

こんにちは，私はジョン・ホワイトです。アメリカの出身で，15歳です。去年，交換留学生として日本に来ました。ホームステイ先の家族と千葉に住んでいます。私は毎日たくさんのことを知ることができるので，ここ日本での生活をほんとうに楽しんでいます。私は，ほかの国から来た人たちと話すことは大切だと思います。もしアメリカについて何か知りたければ，どうぞ私にたずねてください。そして日本についてたくさんのことを私に教えてください。

↻ p.31の復習

☐ 食べる	eat	☐ 家	house	☐ ～として	as
☐ have の過去形	had	☐ 朝，午前	morning	☐ どうぞ	please
☐ 家に，家庭	home	☐ 家に帰る	go home		

33

□ 451
watch
[wɑtʃ] **ワ**ッチ

動 **（動きのあるものを）じっと見る**

名 **うで時計**

▶ watch TV（テレビを見る）

□ 452
would
[wud] **ウ**ッド　**発音注意**

I would の短縮形は I'd。

助 **will の過去形**

(would like to ～ で)**～したい**（ていねいな言い方）

(Would you like to ～? で)**～したいですか。**

□ 453
show
[ʃou] **シ**ョウ

過 showed － showed / shown

動 **見せる**

＊show A B で「A に B を見せる」の意味。

▶ show him a picture（彼に写真を見せる）

□ 454
let
[let] **レ**ット

過 let

動 **～させる**，(Let's ～. で)**～しよう。**

(Let me see. / Let's see. で)**ええと…。**（つなぎ言葉）

□ 455
beautiful
[bjúːtəfl] **ビュ**ーティフォ

比 more ～ － most ～

形 **美しい**

□ 456
again
[əgén] ア**ゲ**ン

副 **再び**

□ 457
made
[meid] **メ**イド

動 **make（作る）の過去形・過去分詞**

▶ It was made in Japan.（それは日本で作られました。）

□ 458
class
[klæs] ク**ラ**ス

名 **授業**

got
[gɑt] ガット

動 get（手に入れる）の過去形・過去分詞
（I got it. で）**わかった。**

interesting
[íntəristiŋ] インタリ_スティング
比 more 〜 － most 〜

形 **おもしろい**

idea
[aidíːə] アイ**ディー**ア

名 **考え**

walk
[wɔːk] **ウォー**ク

動 **歩く**

long
[lɔːŋ] **ロー**ング

形 **長い** 副 **長く**
（How long 〜? で）**（長さ・期間が）どれくらい〜?**
関連 short（短い）

children
[tʃíldrən] **チ**ゥドレン

名 **child（子ども）の複数形**

often
[ɔːfn] **オー**ッン

副 **よく（しばしば）**
（How often 〜? で）**どれくらいの頻度で〜。**

得点アップ　How long 〜? は「期間」をたずねる文でよく使われる。
How long have you been in Japan?（あなたはどれくらい日本にいますか。）

🔄 p.32の復習

□ 住む	live	□ comeの過去形	came	□ 食べ物	food
□ 何か	something	□ 高い	high	□ きょう	today
□ 一生けんめいに	hard				

□ 466
thought
[θɔːt] ソート **発音注意**

動 **think**（思う）の過去形・過去分詞　名 **考え**
▶ I thought it was interesting.
（私はそれはおもしろいと思った。）

□ 467
great
[greit] グレイト

形 **すばらしい, 偉大な**

□ 468
place
[pleis] プレイス

名 **場所**

□ 469
than
[ðən] ザン

接 前 **〜よりも**
＊〈比較級＋than 〜〉の形で使われる。
▶ A is longer than B.（A は B よりも長い。）

□ 470
nice
[nais] ナイス

形 **すてきな**

□ 471
stay
[stei] ステイ

動 **滞在する**　名 **滞在**
▶ How long did you stay there?
（どのくらいの期間, そこに滞在しましたか。）

□ 472
call
[kɔːl] コーゥ

動 **呼ぶ, 電話する**
＊call A B で「A を B と呼ぶ」の意味。
▶ Please call me Aki.（私をアキと呼んでください。）

⤸ p.34の復習

□ じっと見る	watch	□ will の過去形	would	□ 〜したい	would like to 〜
□ 見せる	show	□ 〜しよう。	Let's 〜.	□ 美しい	beautiful
□ 再び	again	□ make の過去形	made	□ 授業	class

big

[big] ビッグ

比 bigger － biggest

形 **大きい**

before

[bifɔ́ːr] ビフォーァ

前接 **～の前に** 副 **以前に**

▶ before breakfast（朝食前に）

関連 after（～のあとに）

new

[njúː] ニュー

形 **新しい**

関連 old（古い）

need

[níːd] ニード

動 **必要とする**

▶ I need your help.（私にはあなたの助けが必要です。）

speak

[spíːk] スピーク

過 spoke － spoken

動 **話す**

▶ speak English（英語を話す）

▶ speak to ～（～に話しかける）

hope

[hóup] ホウプ

動 **望む** 名 **希望**

▶ I hope you'll like it.（それを気に入ってくれるといいな。）

word

[wə́ːrd] ワ～ド

名 **単語, 言葉**

500 語レベル Level 03

| 1600 |
| 1500 |
| 1400 |
| 1300 |
| 1200 |
| 1100 |
| 1000 |
| 900 |
| 800 |
| 700 |
| 600 |
| 500 |
| 400 |

↻ p.35の復習

□ get の過去形	got	□ おもしろい	interesting	□ 考え	idea
□ 歩く	walk	□ 長い	long	□ どれくらい長く～?	How long ～?
□ child の複数形	children	□ よく（しばしば）	often		

480	kind [kaind] **カインド**	形 **親切な** 名 **種類** ▶ many kinds of ～（いろいろな種類の～） ▶ What kind of ～?（どんな種類の～?）
481	answer [ǽnsər] **アンサァ**	動 **答える** 名 **答え**
482	understand [ʌndərstǽnd] アンダ**スタンド** 過 understood	動 **理解する**
483	city [síti] **スィティ**	名 **都市**
484	way [wei] **ウェイ**	名 **道，方法** ▶ the way to the station（駅へ行く道順） ▶ a good way to learn English（英語を学ぶよい方法）
485	hear [hiər] **ヒアァ** 過 heard [発音は**ハ～ド**]	動 **聞こえる，うわさに聞いている** ▶ I hear (that) you like tennis. （あなたはテニスが好きだと聞いています。）
486	together [təɡéðər] トゥ**ゲザァ**	副 **いっしょに**

得点アップ on the[my] way to ～ で「～へ行く途中で」という意味を表します。
I saw Ken on my way to school.（学校へ行く途中でケンに会いました。）

↪ p.36の復習

□ think の過去形	thought	□ すばらしい, 偉大な	great	□ 場所	place
□ ～よりも	than	□ すてきな	nice	□ 滞在する	stay
□ 呼ぶ, 電話する	call				

back

[bæk] バック

副 **うしろへ**

▶ go back（もどっていく）

week

[wiːk] ウィーク

名 **週**

▶ last week（先週）

give

[giv] ギヴ

過 gave — given

動 **与える**

＊give A B で「A に B をあげる」の意味。

▶ I'll give you this book.（あなたにこの本をあげます。）

teacher

[tíːtʃər] ティーチャァ

名 **教師**

town

[taun] タウン

名 **町**

find

[faind] ファインド

過 found

動 **見つける**

mean

[miːn] ミーン

過 meant [発音はメント]

動 **意味する**

▶ "Kibou" means "hope."（「きぼう」は hope という意味です。）

▶ What does this mean?（これはどういう意味ですか。）

（得点アップ）mean は「～という意味で言う」という意味でも使われます。
What do you mean?（〈あなたの言ったことは〉どういう意味？）
Do you mean ～?（〈あなたの言ったことは〉～ということですか？）

500語レベル Level 03

↻ p.37の復習

□ 大きい	big	□ ～の前に	before	□ 新しい	new
□ 必要とする	need	□ 話す	speak	□ 望む	hope
□ 単語	word				

39

□ 494
saw
[sɔː] ソー **発音注意**

動 **see（見える，会う）の過去形**

□ 495
water
[wɔ́ːtər] ウォータァ

名 **水**

□ 496
different
[dífərənt] ディファレント
比 more 〜 − most 〜

形 **違った**

★be different from 〜 で「〜と違っている」の意味。

▶ A is different from B.（A は B と違っている。）

□ 497
always
[ɔ́ːlweiz] オーゥウェイズ

副 **いつも**

□ 498
name
[neim] ネイム

名 **名前** 動 **名づける**

★name A B で「A を B と名づける」の意味。

▶ I named the dog Kuro.（私はその犬をクロと名づけた。）

□ 499
small
[smɔːl] スモーゥ

形 **小さい**

□ 500
better
[bétər] ベタァ

形 **よりよい** 副 **よりよく**

★better は good・well の比較級。

▶ speak English better（もっとじょうずに英語を話す）

得点アップ　like A better than B で「B よりも A のほうが好きだ」という意味になります。
I like dogs better than cats.（私はねこよりも犬のほうが好きです。）

↻ p.38の復習
□ 親切な	kind	□ どんな種類の〜？	What kind of 〜 ?	□ 答える	answer
□ 理解する	understand	□ 都市	city	□ 道，方法	way
□ 聞こえる	hear	□ いっしょに	together		

長文読解に挑戦 『カナダ短期留学から帰国して』
500 語レベルの英文

🎧 024

1600
1500
1400
1300
1200
1100
1000
900
800
700
600
500
400

Teacher: How was your visit to *Canada?
先生

Sayuri: It was great! Canada was a beautiful place.
すばらしい　　　　　　　　　美しい　　場所

Teacher: I'm happy to hear that. How was school?
聞く

Sayuri: It was interesting. Many things were different
おもしろい　　　　　　　　　　　　　違った

from Japan.

Teacher: Did you make new friends at school?
新しい

Sayuri: Yes, I made many friends. They were very kind
make（作る）の過去形　　　　　　　　　親切な

to me. When I didn't understand something,
理解する

they always helped me.
いつも

Teacher: Do you want to go again?
再び

Sayuri: Yes! Next time, I want to stay longer!
滞在する　もっと長く

＊Canada：カナダ

先生：　カナダへの訪問はどうだった？
サユリ：すばらしかったです！ カナダは美しい
　　　　ところでした。
先生：　それを聞いてうれしいよ。学校はどう
　　　　だった？
サユリ：おもしろかったです。いろいろなこと
　　　　が日本とは違いました。
先生：　学校で新しい友だちを作ったかい？
サユリ：はい、たくさんの友だちを作りました。
　　　　彼らは私にとても親切でした。私が何
　　　　か理解できないとき、彼らはいつも私
　　　　を助けてくれました。
先生：　また行きたいかい？
サユリ：はい！ 次回はもっと長く滞在したいで
　　　　す。

↩ p.39の復習

□ うしろへ	back	□ もどっていく	go back	□ 週	week
□ 与える	give	□ 教師	teacher	□ 町	town
□ 見つける	find	□ 意味する	mean		

501 practice
[præktis] プラクテイス

動 練習する 名 練習

502 write
[rait] ライト
過 wrote — written

動 書く

503 game
[geim] ゲイム

名 試合, ゲーム

504 near
[niər] ニアァ

前 ～の近くに
▶ near here（この近くに）

505 ago
[əgóu] アゴウ

副 （今から）～前に
▶ two weeks ago（2週間前に）

506 found
[faund] ファウンド

動 find（見つける）の過去形・過去分詞

507 station
[stéiʃən] ステイション

名 駅

508 only
[óunli] オウンリ

副 （ただ）～だけ

| 1600 |
| 1500 |
| 1400 |
| 1300 |
| 1200 |
| 1100 |
| 1000 |
| 900 |
| 800 |
| 700 |
| 600 |
| 500 |
| 400 |

□509
took
[tuk] トゥック

🔲 take（取る，持っていく，乗る）の過去形

□510
around
[əráund] アラウンド

🔲 ～のまわりに

▶ people around me （私の周囲の人たち）

□511
difficult
[dífikəlt] ディフィカゥト

比 more ～ − most ～

🔲 難しい

▶ It's difficult for me to ～.

（～するのは私にとって難しい。）

□512
interested
[íntəristid] インタリ╭ステイド

比 more ～ − most ～

🔲 興味がある

*be interested in ～ で「～に興味がある」の意味。

▶ I'm interested in music. （私は音楽に興味があります。）

□513
where
[hweər] ╭ウェアァ

🔲 どこに

□514
clean
[kli:n] ╭クリーン

🔲 そうじする 🔲 きれいな

□515
little
[litl] リトォ

🔲 （a little で）少しの（少量の）

*数えられない名詞に使う。

550語レベル Level 04

得点アップ　little は，a がつかないと「ほとんどない」という意味になります。
I have a little money. （私はお金を少し持っています。）
I have little money. （私はお金をほとんど持っていません。）

🔄 p.40の復習

□ see の過去形	saw	□ 水	water	□ 違った	different
□ ～と違っている	be different from ～	□ いつも	always	□ 名前	name
□ 小さい	small	□ よりよい	better		

43

516	world [wə́:rld] ワ〜ゥド	名 **世界** ▶ all over the world（世界中で）
517	everyone [évriwʌn] エヴリワン	代 **みんな** *単数として扱う。 ▶ Everyone likes her.（みんな彼女が好きだ。）
518	which [hwitʃ] フウィッチ	代 **どちら，どれ** ▶ Which do you like better, A or B? （あなたはAとBのどちらが好きですか。）
519	soon [su:n] スーン	副 **すぐに**
520	festival [féstəvəl] フェスティヴォゥ	名 **祭り**
521	just [dʒʌst] ヂャスト	副 **ちょうど**
522	room [ru:m] ルーム	名 **部屋**

得点アップ which は物をさす関係代名詞としても使われます。
This is the song which made her famous.（これは彼女を有名にした歌です。）

🔄 p.42の復習

□ 練習する	practice	□ 書く	write	□ 試合	game
□ ～の近くに	near	□ （今から）～前に	ago	□ find の過去形	found
□ 駅	station	□ （ただ）～だけ	only		

□523 **tomorrow**
[təmɔ́:rou] トゥモーロウ

副 名 **あす**

関連 yesterday（きのう）

□524 **month**
[mʌnθ] マンス

名 **（年月の）月**

▸ last month（先月）

□525 **become**
[bikʌ́m] ビカム

過 became ― become

動 **～になる**

□526 **music**
[mjú:zik] ミューズィク

名 **音楽**

□527 **remember**
[rimémbər] リメンバァ

動 **覚えている**

関連 forget（忘れる）

□528 **sure**
[ʃuər] シュアァ

形 **確信して**　副（返事で）**もちろん**

▸ Can I use it? ― Sure.

（それを使ってもいい？ ― もちろん。）

□529 **train**
[trein] トレイン

名 **電車**

▸ take a train（電車に乗っていく）

▸ by train（電車で）

得点アップ　sure の「確信して」という意味に注意しましょう。
I'm not sure.（よくわかりません。）
I'm sure you'll like him.（あなたはきっと彼を気に入ると思います。）

p.43の復習

□ take の過去形	took	□ ～のまわりに	around	□ 難しい	difficult
□ ～に興味がある	be interested in ～			□ どこに	where
□ そうじする	clean	□ 少量の	a little		

530	**any** [éni] エニ	形 (疑問文で)**いくらかの** (否定文で)**少しも**
531	**feel** [fi:l] フィーゥ 過 felt	動 **感じる** ＊〈feel＋形容詞〉で「～と感じる」の意味。 ▸ feel tired（疲れていると感じる）
532	**night** [nait] ナイト	名 **夜** ▸ last night（昨夜）
533	**sorry** [sɔ́:ri] ソーリ	形 **すまなく思って** ▸ I'm sorry I'm late.（遅れてすみません。）
534	**letter** [létər] レタァ	名 **手紙**
535	**sometimes** [sʌ́mtaimz] サ厶タイ厶ズ	副 **ときどき**
536	**boy** [bɔi] ボイ	名 **男の子** 関連 girl（女の子）

得点アップ　any は疑問文，否定文でよく使われます。
（疑問文）Do you have any sisters?（あなたに姉妹はいますか。）
（否定文）I don't have any sisters.（私には姉妹は 1 人もいません。）

↻ p.44の復習

□ 世界	world	□ みんな	everyone	□ どちら	which
□ すぐに	soon	□ 祭り	festival	□ ちょうど	just
□ 部屋	room				

each

[i:tʃ] イーチ

形 **それぞれの**

(each other で) **おたがい**

▶ help each other（おたがいを助け合う）

question

[kwéstʃən] クウェスチョン

名 **質問**

関連 answer（答え）

buy

[bai] バイ

過 bought

動 **買う**

love

[lʌv] ラヴ

動 **大好きだ** 名 **愛**

minute

[mínit] ミニト **発音注意**

名 **分（時間の単位）**

(a minute で) **ちょっとの間**

▶ Just a minute.（ちょっと待って。）

dream

[dri:m] ドリーム

名 **夢**

put

[put] プット

過 put

動 **置く**

(put on ～ で) **～を身につける**

1600
1500
1400
1300
1200
1100
1000
900
800
700
600
500
400

550語レベル Level 04

🔄 p.45の復習

□ あす	tomorrow	□ （年月の）月	month	□ ～になる	become
□ 音楽	music	□ 覚えている	remember	□ 確信して	sure
□ 電車	train				

☐ 544 **example** [igzǽmpl] イグ**ザ**ンポゥ	名 **例** (for example で) **例えば**
☐ 545 **America** [əmérikə] ア**メ**リカ	名 **アメリカ** 関連 American (アメリカの)
☐ 546 **man** [mǽn] **マ**ン 複 men	名 **男の人** 関連 woman (女の人)
☐ 547 **told** [tould] **トゥ**ウッド	動 **tell (言う)** の過去形・過去分詞 ▸ He told me about his mother. (彼は自分の母について私に話してくれた。)
☐ 548 **Australia** [ɔːstréiljə] オースト**レイ**リャ	名 **オーストラリア** 関連 Australian (オーストラリアの)
☐ 549 **bus** [bʌ́s] **バ**ス	名 **バス** ▸ take a bus (バスに乗っていく) ▸ by bus (バスで)
☐ 550 **park** [pɑ́ːrk] **パー**ク	名 **公園**

↻ p.46の復習

☐ (疑問文で) いくらかの	any	☐ 感じる	feel	☐ 夜	night
☐ すまなく思って	sorry	☐ 手紙	letter	☐ ときどき	sometimes
☐ 男の子	boy				

🎧 032

My dream is to become a *professional guitar *player.
夢　　　　～になる
I started playing the guitar two years ago. Playing the
　　　　　　　　　　　　　　　　　　　～前に
guitar is difficult, but I love it. I practice for thirty
　　　　　難しい　　　　大好きだ　　　　練習する
minutes every morning. Sometimes, I practice more
分　　　　　　　　　　ときどき　　　　　練習する
at night. Next month, there is a music festival at the
夜　　　　月　　　　　　　　　音楽　祭り
park near the station, and I'm going to play at the
公園　～の近くの　　駅
festival. I hope some of you can come to see me!
祭り

*professional：プロの　player：演奏者

　私の夢はプロのギター奏者になることです。私は2年前にギターを弾き始めました。ギターを弾くことは難しいですが，私は大好きです。毎朝30分練習しています。ときどき，夜にもっと練習することもあります。来月，駅の近くの公園で音楽祭があり，私はそのお祭りで演奏するつもりです。みんなのうちの何人かが見に来てくれたらいいなと思っています。

↻ p.47の復習

□ それぞれの	each	□ おたがい	each other	□ 質問	question
□ 買う	buy	□ 大好きだ	love	□ 分	minute
□ 夢	dream	□ 置く	put	□ ～を身につける	put on ～

551 meet

[mi:t] ミート

過 met

動 会う

▶ Nice to meet you.（はじめまして。）

552 usually

[jú:ʒuəli] ユージュアリ

副 ふつうは，たいてい

553 may

[mei] メイ

過 might

助 ～かもしれない

（May I ～? で）～してもいいですか。

▶ May I come in?（〈部屋に〉入ってもいいですか。）

554 finish

[fíniʃ] フィニッシュ

動 終える

*finish ～ing で「～し終える」という意味。

▶ finish reading a book（本を読み終える）

555 library

[láibreri] ライブレリ

名 図書館

556 member

[mémbər] メンバァ

名 一員，メンバー

▶ a member of ～（～の一員，メンバー）

557 hour

[áuər] アウアァ 発音注意

名 1 時間（時間の単位）

▶ study for an hour（1 時間勉強する）

558 smile

[smail] スマイゥ

名 ほほえみ 動 ほほえむ

brother
[brʌ́ðər] ブ**ラ**ザァ

图 **兄, 弟**

関連 sister（姉, 妹）

lunch
[lʌ́ntʃ] **ラ**ンチ

图 **昼食**

movie
[múːvi] **ムー**ヴィ

图 **映画**

easy
[íːzi] **イー**ズィ

比 easier － easiest

形 **簡単な**

関連 difficult（難しい）

story
[stɔ́ːri] ス**トー**リ

图 **物語**

became
[bikéim] ビ**ケイ**ム

働 **become（～になる）の過去形**

▶ We became good friends.

（私たちは仲のよい友だちになりました。）

join
[dʒɔ́in] **ヂョイ**ン

働 **加わる, 参加する**

▶ Why don't you join us?

（私たち〈の仲間〉に加わりませんか。）

得点アップ　easy は，It is … for － to ～. の文でよく使われます。
It's easy for her to answer the question.
（彼女にとってその質問に答えるのは簡単です。）

↻ p.48の復習

□ 例	example	□ 例えば	for example	□ アメリカ	America
□ 男の人	man	□ tell の過去形	told	□ オーストラリア	Australia
□ バス	bus	□ バスで	by bus	□ 公園	park

566	**afternoon** [æftərnúːn] アフタ**ヌー**ン	名 **午後**
567	**breakfast** [brékfəst] ブ**レ**クファスト	名 **朝食**
568	**later** [léitər] **レ**イタァ	副 **あとで** ▶ I'll call you back later. （あとで電話をかけなおします。）
569	**club** [klʌb] ク**ラ**ブ	名 **クラブ, 部**
570	**wonderful** [wʌ́ndərfl] **ワ**ンダフォ 比 more 〜 ー most 〜	形 **すばらしい**
571	**best** [best] **ベ**スト	形 副 **もっともよい[よく]** ＊best は good と well の最上級。
572	**sport** [spɔːrt] ス**ポー**ト	名 **スポーツ**

得点アップ 〈like 〜（the）best〉で「〜がいちばん好き」という意味になります。
What sport do you like the best?（何のスポーツがいちばん好きですか。）

🔖 p.50の復習

□ 会う	meet	□ ふつうは	usually	□ 〜してもいいですか。	May I 〜?
□ 終える	finish	□ 図書館	library	□ 一員	member
□ 1時間	hour	□ ほほえみ	smile		

cook [kuk] **クッ**ク	動 **料理する**
gave [geiv] **ゲイ**ヴ	動 give（**与える**）の過去形
same [seim] **セイ**ム	形 （the same で）**同じ** ▶ at the same time （同時に）
listen [lísn] **リ**スン	動 （listen to 〜 で）**〜を聞く（耳をかたむける）** ▶ listen to music （音楽を聞く）
tree [tri:] ト**リー**	名 **木**
another [ənʌ́ðər] ア**ナ**ザァ	形 **もう1つの**
into [íntu:] **イン**トゥー	前 **〜の中へ** ▶ go into the room （部屋の中に入っていく） 関連 out of （〜から外へ）

600語レベル Level 05

1600
1500
1400
1300
1200
1100
1000
900
800
700
600
500
400

□ 580	**popular** [pápjulər] パピュラァ 比 more 〜 − most 〜	形 **人気のある**
□ 581	**sound** [saund] サウンド	動 **〜に聞こえる** 名 **音** ▸ That sounds good. （〈相手の話を聞いて〉それはいいですね。）
□ 582	**stop** [stap] スタップ	動 **止まる，止める** (stop 〜ing で) **〜するのをやめる** ▸ Stop talking.（話すのをやめなさい。）
□ 583	**change** [tʃeindʒ] チェインヂ	動 **変える** 名 **変化，おつり** ▸ change trains（電車を乗りかえる）
□ 584	**girl** [gə:rl] ガ〜ゥ	名 **女の子** 関連 boy（男の子）
□ 585	**left** [left] レフト	名 形 **左(の)** 動 **leave（去る）の過去形・過去分詞** 関連 right（右〈の〉）
□ 586	**money** [mʌ́ni] マニ 発音注意	名 **お金**

得点アップ　会話では，That sounds 〜.（それは〜に聞こえる。）の That はよく省略されます。
Sounds great.（それはすばらしいですね。）
Sounds interesting.（それはおもしろそうですね。）

↻ p.52の復習

□午後	afternoon	□朝食	breakfast	□あとで	later
□クラブ	club	□すばらしい	wonderful	□もっともよい	best
□スポーツ	sport				

never
[névər] ネヴァァ

副 **決して〜ない**

▶ I've never seen a koala.

（私は一度もコアラを見たことがありません。）

shop
[ʃɑp] シャッブ

名 **店**

（関連）shopping（買い物）

young
[jʌŋ] ヤング

形 **若い**

（関連）old（年をとった）

problem
[prάbləm] プラブレム

名 **問題**

▶ No problem.（問題ありません。／大丈夫。）

sister
[sístər] スィスタァ

名 **姉, 妹**

（関連）brother（兄, 弟）

surprised
[sərpráizd] サプライズド

形 **驚いた**

＊be surprised で「驚く」の意味。

▶ I was surprised.（私は驚きました。）

bike
[baik] バイク

名 **自転車**

右側ゲージ: 1600 1500 1400 1300 1200 1100 1000 900 800 700 600 500 400

600語レベル Level 05

↺ p.53の復習

□ 料理する	cook	□ give の過去形	gave	□ 同じ	the same
□ 〜を聞く	listen to 〜	□ 木	tree	□ もう1つの	another
□ 〜の中へ	into				

55

594 **animal** [ǽnəməl] **アニ**マゥ	名 **動物**
595 **sad** [sæd] **サ**ド	形 **悲しい**
596 **wait** [weit] **ウェイ**ト	動 **待つ** ＊wait for ～ で「～を待つ」の意味。
597 **glad** [glæd] グ**ラ**ッド	形 **うれしい** ＊be glad to ～ で「～してうれしく思う」の意味。 ▶ I'm glad to hear that. (それを聞いてうれしく思います。)
598 **most** [moust] **モウ**スト	代 形 **ほとんど（の）**
599 **began** [bigǽn] ビ**ギャ**ン	動 **begin（始める，始まる）の過去形** ▶ The boy began to cry. (その男の子は泣き始めた。)
600 **bird** [bəːrd] **バ**～ド	名 **鳥**

🎧 040

Andy: Kumi, why don't we go see a movie this afternoon?
映画　　　　　午後

Kumi: That's a wonderful idea!　I have some things to do in the morning, but I will finish by 12:00.
すばらしい　　　　　　　　　　　　　終える

Andy: Great.　The movie starts at 2:10, so why don't we have lunch together first?　How about meeting at 12:30?
映画　　　　　　　　　　　昼食　　　　　　　　　　会うこと

Kumi: Sounds good.　Where do you want to meet?
～に聞こえる　　　　　　　　　会う

Andy: How about the library?
図書館

Kumi: OK.　I'll see you later then!
あとで

アンディ：久美，きょうの午後に映画を見に行かない？
久美：　それはすばらしい考えね！午前中はいくつかやらなくちゃいけないことがあるけど，12時までには終わらせる。
アンディ：よし。映画は2時10分に始まるから，まずいっしょに昼食を食べない？12時30分に会うのはどうかな？
久美：　いいね。どこで会うのがいい？
アンディ：図書館はどう？
久美：　オーケー。じゃああとで会いましょう。

🔄 p.55の復習

□ 決して～ない	never	□ 店	shop	□ 若い	young
□ 問題	problem	□ 姉，妹	sister	□ 驚いた	surprised
□ 自転車	bike				

601 trip

[trip] ト**リ**ップ

图 **旅行**

602 fun

[fʌn] **ファ**ン

图 **おもしろいこと**

▶ Baseball is fun. (野球は楽しい。)

▶ It's a lot of fun. (それはとてもおもしろい。)

603 woman

[wúmən] **ウ**マン

複 women [発音は**ウィ**ミン]

图 **女の人**

関連 man (男の人)

604 worry

[wə́:ri] **ワ**〜リ

動 **心配する**

▶ Don't worry. (心配しないで。)

605 group

[gru:p] グ**ル**ープ

图 **集団, グループ**

606 job

[dʒɑb] **ヂャ**ッ

图 **仕事**

607 run

[rʌn] **ラ**ン

過 ran - run

動 **走る**

608 course

[kɔːrs] **コ**ース

图 **進路,** (of course で) **もちろん**

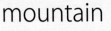

mountain
[máuntn] マウントン

名 山

few
[fju:] フュー

形 (a few で)**少しの(少数の)**

*数えられる名詞に使う。

high school
[hái sku:l] ハイスクーゥ

名 **高校**

homework
[hóumwə:rk] ホウワ〜ヮ

名 **宿題**

▶ I have a lot of homework to do.

(私にはしなければならない宿題がたくさんあります。)

during
[djúəriŋ] デュアリンヮ

前 **(ある期間)の間に**

▶ during the summer vacation (夏休み中に)

yesterday
[jéstərdei] イェスタデイ

副 名 **きのう**

関連 tomorrow (あした)

parent
[péərənt] ペアレント

名 **親**

▶ her parents (彼女の両親)

1600
1500
1400
1300
1200
1100
1000
900
800
700
600
500
400

650語レベル Level 06

得点アップ few は a がつかないと「ほとんどない」という意味になります。
I have a few friends in Japan. (私は日本に友だちが少しいます。)
I have few friends in Japan. (私は日本には友だちがほとんどいません。)

↩ p.56の復習

□ 動物	animal	□ 悲しい	sad	□ 〜を待つ	wait for 〜
□ うれしい	glad	□ ほとんど	most	□ begin の過去形	began
□ 鳥	bird				

616 **bad** [bæd] バッド	形 **悪い** (That's too bad. で)(同情して)**それはお気の毒に。**
617 **speech** [spi:tʃ] スピーチ	名 **スピーチ，演説** *make a speech で「スピーチをする」の意味。
618 **anything** [éniθiŋ] エニスィング	代 (疑問文で)**何か**，(否定文で)**何も** ▶ I don't know anything about it. （私はそれについて何も知りません。）
619 **teach** [ti:tʃ] ティーチ 過 taught	動 **教える** *teach A B で「A に B を教える」の意味。 ▶ teach us English（私たちに英語を教える）
620 **volunteer** [vɑləntíər] ヴァランティアァ	名 **ボランティア**
621 **felt** [felt] フェゥト	動 **feel（感じる）の過去形・過去分詞** ▶ I felt sorry for him.（私は彼にすまなく思った。）
622 **language** [læŋgwidʒ] ランゲウィヂ	名 **言語**

open
[óupən] オウプン

動 開く 形 開いている

関連 close（閉じる）

leave
[li:v] リーヴ
過 left

動 去る，出発する，残す
▶ leave Japan（日本を去る）

over
[óuvər] オウヴァァ

前 〜の上に，〜をこえて
(all over 〜 で) 〜のいたるところに
▶ over 100 years ago（100年以上前に）

sea
[si:] スィー

名 海

Canada
[kǽnədə] キャナダ

名 カナダ

関連 Canadian（カナダの）

flower
[fláuər] ᵖ ラウアァ

名 花

dinner
[dínər] ディナァ

名 夕食

🔄 p.59の復習

□ 山	mountain	□ 少しの	a few	□ 高校	high school
□ 宿題	homework	□（ある期間）の間に	during	□ きのう	yesterday
□ 親	parent				

future
[fjúːtʃər] **フューチャ**ァ

图 **未来**
▶ in the future（将来，未来に）

foreign
[fɔ́ːrin] **フォーリン** 発音注意

形 **外国の**
▶ a foreign language（外国語）

present
[préznt] プ**レ**ズント

图 **プレゼント**

junior high school
[dʒúːnjər hái skuːl] ヂューニャ ハイ スクーゥ

图 **中学校**

must
[mʌst] **マ**スト

助 **〜しなければならない，**
　 〜にちがいない
▶ I must study hard.（一生けんめい勉強しなければ。）

doctor
[dáktər] **ダ**クタァ

图 **医師**

e-mail
[íːmeil] **イーメイ**ゥ

图 **Eメール**

得点アップ　must not は「〜してはいけない」という意味を表します。
You must not open this door.（このドアを開けてはいけません。）

↻ p.60の復習

□ 悪い	bad	□ それはお気の毒に。	That's too bad.	□ スピーチ	speech
□（疑問文で）何か	anything	□ 教える	teach	□ ボランティア	volunteer
□ feel の過去形	felt	□ 言語	language		

fish

[fiʃ] **フィッシュ**

複 fish（単複同形）

名 魚

（関連）fishing（魚釣り）

famous

[féiməs] **フェイマス**

比 more ～ － most ～

形 有名な

＊be famous for ～ で「～で有名だ」。

send

[send] **センド**

動 送る

＊send A B で「A に B を送る」。

▶ send her an e-mail（彼女にメールを送る）

through

[θru:] ｽ**ルー** 　発音注意

前 ～を通りぬけて，～を通して

▶ learn through sports（スポーツを通じて学ぶ）

favorite

[féivərit] **フェイヴァリト**

形 いちばん好きな

▶ my favorite song（私のいちばん好きな歌）

exciting

[iksáitiŋ] イク**サイティング**

比 more ～ － most ～

形 わくわくさせる

▶ an exciting game（わくわくする試合）

welcome

[wélkəm] **ウェゥカム**

間 ようこそ 　形 歓迎される

(You're welcome. で) **どういたしまして。**

650 語レベル　Level 06

1600 1500 1400 1300 1200 1100 1000 900 800 700 600 500 400

↻ p.61の復習

□ 開く	open	□ 去る	leave	□ ～の上に，～をこえて	over
□ 海	sea	□ カナダ	Canada	□ 花	flower
□ 夕食	dinner				

63

644 **move** [mu:v] **ムー**ヴ	動 **動かす，動く，引っ越す**
645 **care** [keər] **ケア**ァ	名 **注意，世話** ＊take care of ～ で「～の世話をする」の意味。
646 **heard** [hə:rd] **ハ～**ド 発音注意	動 **hear（聞く）の過去形・過去分詞**
647 **keep** [ki:p] **キー**プ 過 kept	動 **保つ** ＊keep A B で「A を B の状態にしておく」。 ▶ keep the river clean （川をきれいにしておく）
648 **hand** [hænd] **ハン**ド	名 **手**
649 **river** [rívər] **リヴァ**ァ	名 **川**
650 **song** [sɔːŋ] **ソーン**グ	名 **歌**

🎧 048

Hi, everyone! Welcome to Arc Mountain! My name
ようこそ   山
is Tim, and I'm a volunteer here. Now, please listen to
              ボランティア
these three *rules. First, please do not run during the
                                              走る   〜の間に
trip. Second, please do not leave your group. Third,
旅行   去る   グループ
there are some small rivers in the mountains. You can
                        川   山
look at the fish, but you must not go into the water. If
        魚   〜しては いけない
we remember these rules, I think our trip will be very
                                              旅行
exciting. Now, let's go and have fun!
わくわくする   楽しみ

*rule：ルール，規則

みなさんこんにちは！ アーク山へようこそ！ 私の名前はティムで，ここのボランティアです。では，これから言う3つのルールを聞いてください。1つ目，旅行中（ハイキング中）は走らないでください。2つ目，グループから離れないでください。3つ目，山の中には小さな川がいくつかあります。魚を見てもいいですが，水の中に入ってはいけません。この3つのルールを覚えておけば，私たちの旅はとてもわくわくするものになると思いますよ。では，楽しんで行きましょう！

↻ p.63の復習

☐ 魚	fish	☐ 有名な	famous	☐ 送る	send
☐ 〜を通りぬけて	through	☐ いちばん好きな	favorite	☐ わくわくさせる	exciting
☐ ようこそ	welcome	☐ どういたしまして。	You're welcome.		

651 still
[stil] スティゥ

副 **まだ**

---

652 own
[oun] オウン

形 **自分自身の**

＊my, your, his, her などのあとで使われる。

▶ my own money（私自身のお金）

---

653 restaurant
[réstərənt] レストラント

名 **レストラン**

---

654 sick
[sik] スィック

形 **病気の**

▶ be sick in bed（病気で寝ている）

---

655 grandmother
[grǽndmʌðər] グランマザァ

名 **祖母**

関連 grandfather（祖父）

---

656 agree
[əgríː] アグリー

動 **同意する**

＊agree with ～ で「～に同意する」の意味。

関連 disagree（意見が合わない）

---

657 evening
[íːvniŋ] イーヴニング

名 **夕方**

---

658 early
[ə́ːrli] ア〜リ
比 earlier － earliest

副 **（時間・時期が）早く** 形 **早い**

▶ get up early（早く起きる）

cold
[kould] コウゥド

形 **寒い，冷たい** 名 **かぜ**

▶ have a cold （かぜをひいている）

関連 hot （暑い，熱い）

bring
[briŋ] ブリング
過 brought

動 **持ってくる**

number
[nʌ́mbər] ナンバァ

名 **数，番号**

paper
[péipər] ペイパァ

名 **紙**

everything
[évriθiŋ] エヴリスィング

代 **あらゆること[もの]**

＊単数として扱う。

without
[wiðáut] ウィザウト

前 **〜なしに**

▶ live without water （水なしで生きる）

large
[lɑːrdʒ] ラーヂ
比 larger − largest

形 **大きい，広い**

得点アップ without 〜ing で「〜しないで，〜せずに」という意味になります。
He left without saying a word. （彼は一言も言わずに去りました。）

□ 666
beach
[biːtʃ] ビーチ

图 浜

□ 667
drink
[driŋk] ドリンク
過 drank − drunk

動 飲む

□ 668
plan
[plæn] プラン

图動 計画(する)

□ 669
shall
[ʃæl] シャゥ

助 (Shall I ~? で)(私が)~しましょうか。
(Shall we ~? で)(いっしょに)~しましょうか。

□ 670
vacation
[veikéiʃən] ヴェイケイション

图 休暇

□ 671
internet
[íntərnet] インタネット

图 インターネット

□ 672
news
[njúːz] ニューズ 発音注意

图 ニュース

↩ p.66の復習

□ まだ	still	□ 自分自身の	own	□ レストラン	restaurant
□ 病気の	sick	□ 祖母	grandmother	□ 同意する	agree
□ 夕方	evening	□ 早く	early		

away
[əwéi] ア**ウェ**イ

副 **はなれて**
▶ go away（立ち去る）

---

box
[bɑks] **バ**ックス

名 **箱**

---

sing
[siŋ] **ス**ィング
過 sang － sung

動 **歌う**

関連 singer（歌手）

---

such
[sʌtʃ] **サ**ッチ

形 **そのような**
▶ Why do you ask such a question?

（なぜそんな質問をするのですか。）

---

useful
[jú:sfl] **ユ**ースフォ **発音注意**
比 more ～ － most ～

形 **役に立つ**

---

street
[stri:t] スト**リー**ト

名 **通り**

---

weather
[wéðər] **ウェ**ザァ

名 **天気**
▶ How is the weather in Tokyo?

（東京の天気はどうですか。）

1600 1500 1400 1300 1200 1100 1000 900 800 700 600 500 400

700語レベル Level 07

↻ p.67の復習

□ 寒い	cold	□ かぜをひいている	have a cold	□ 持ってくる	bring
□ 数，番号	number	□ 紙	paper	□ あらゆること	everything
□ ～なしに	without	□ 大きい，広い	large		

building

[bíldiŋ] ビッディング

名 建物

since

[sins] スィンス

前 接 〜以来（ずっと）

*おもに現在完了形の文で使う。

▶ I've been sick since Monday. （私は月曜日からずっと病気です。）

enough

[ináf] イナフ　発音注意

形 十分な

▶ We don't have enough time.

（私たちには十分な時間がありません。）

hospital

[háspitl] ハスピトォ

名 病院

hot

[hɑt] ハット

比 hotter － hottest

形 暑い，熱い

関連 cold （寒い，冷たい）

party

[pá:rti] パーティ

名 パーティー

tired

[táiərd] タイアド

形 疲れた

▶ I'm very tired. （私はとても疲れています。）

		1600
		1500

person

[pə́:rsn] パ〜スン

名 **人**

experience

[ikspíəriəns] イクスピリエンス

名 **経験**

free

[fri:] フリー

形 **自由な, ひまな**

rain

[rein] レイン

動 **雨が降る** 名 **雨**

turn

[tə:rn] タ〜ン

動 **(左右に)曲がる**

(turn on/off で)**(スイッチを)入れる / 切る**

▶ turn off the TV（テレビを消す）

bought

[bɔːt] ボート 発音注意

動 **buy(買う)の過去形・過去分詞**

color

[kʌ́lər] カラァ

名 **色**

700語レベル Level 07

		1400
		1300
		1200
		1100
		1000
		900
		800
		700
		600
		500
		400

↺ p.69の復習

□ はなれて	away	□ 立ち去る	go away	□ 箱	box
□ 歌う	sing	□ そのような	such	□ 役に立つ	useful
□ 通り	street	□ 天気	weather		

71

694	**fine** [fain] **ファイ**ン	形 **元気な，けっこうな**
695	**culture** [kʌ́ltʃər] **カ**ゥ**チャ**ァ	名 **文化**
696	**fast** [fæst] **ファ**スト	副 **(スピードが)速く** 形 **速い**
697	**part** [pɑːrt] **パ**ート	名 **部分，**(part of 〜 で)**〜の一部**
698	**excuse** [ikskjúːz] **イ**クス**キュー**ズ	動 (Excuse me. で)**すみません。**
699	**late** [leit] **レイ**ト	形 **遅れた** ＊be late for 〜 で「〜に遅れる」の意味。 ▶ I was late for school. (私は学校に遅刻しました。)
700	**both** [bouθ] **ボウ**ス	代 形 **両方(の)** ＊both A and B で「A も B も両方とも」の意味。

長文読解に挑戦 『かぜをひいたジェイソン』
700 語レベルの英文

🎧 056

1600
1500
1400
1300
1200
1100
1000
900
800
700
600
500
400

Grandmother: Jason, you're still in bed.　It's twelve.

Jason: Oh, hi, grandmother.　I think I have a cold. I have been sick since yesterday evening, and I feel really tired today.　I think I got a cold because I walked in the rain yesterday.

Grandmother: Are you OK?　Would you like something to eat or drink?

Jason: Yes.　Can you bring me something to drink?

Grandmother: Sure.　How about hot tea?

Jason: That's fine.　Thank you, grandmother.

祖母：ジェイソン，まだ寝ているのね。12時ですよ。
ジェイソン：ああ，おばあさん。かぜをひいたみたい。きのうの晩から気持ちが悪くて，きょうはほんとうに疲れた感じがするんだ。きのう雨の中を歩いたからかぜをひいちゃったんだと思う。
祖母：だいじょうぶ？　何か食べ物か飲み物はいかが？
ジェイソン：うん。何か飲み物を持ってきてくれる？
祖母：いいわよ。熱い紅茶はどう？
ジェイソン：それでいいよ。ありがとう，おばあさん。

□701
farm
[fɑ:rm] **ファー**ム

名 **農場**

□702
decide
[disáid] ディ**サイ**ド

動 **決める**

* **decide to ～** で「～することを決める」の意味。

▸ He decided to go to Japan.（彼は日本に行くと決めた。）

□703
concert
[kánsə:rt] **カンサ**～ト

名 **コンサート**

□704
earth
[ə:rθ] **ア**～ス

名 **地球**

□705
sleep
[sli:p] ス**リー**プ

過 slept

動 **眠る**

□706
between
[bitwí:n] ビト**ウィー**ン

前 **（2つ）の間に**

* **between A and B** で「A と B の間に」の意味。

▸ difference between Japan and America（日米間の違い）

□707
dance
[dæns] **ダン**ス

動 **踊る**

□708
player
[pléiər] プ**レイ**アァ

名 **選手，プレーヤー**

74

busy

[bízi] ビズィ **発音注意**

比 busier − busiest

形 **忙しい**

ever

[évər] エヴァァ

副 **今までに**

＊Have you ever ～? で「今までに～したことがありますか。」

front

[frʌnt] フラント

名 **前**

＊in front of ～ で「～の前に」の意味。

▶ in front of the station （駅の前に）

seen

[si:n] スィーン

動 **see（見る）の過去分詞**

▶ I've never seen a koala.

（私は一度もコアラを見たことがありません。）

host

[houst] ホウスト

名 **主人**

▶ host family （ホストファミリー，ホームステイ先の家族）

knew

[nju:] ニュー **発音注意**

動 **know（知っている）の過去形**

shopping

[ʃápiŋ] シャピンヶ

名 **買い物**

＊go shopping で「買い物に行く」の意味。

750語レベル　Level 08

得点アップ　ever は「経験」をたずねる現在完了形の疑問文で使われます。
Have you ever seen a koala?（あなたは今までにコアラを見たことがありますか。）
Have you ever been to Japan?（あなたは今までに日本に来たことがありますか。）

↺ p.72の復習

□ 元気な	fine	□ 文化	culture	□ 速く	fast
□ 部分	part	□ すみません。	Excuse me.	□ 遅れた	late
□ ～に遅れる	be late for ～	□ 両方	both	□ AもBも両方とも	both A and B

75

□716

under

[ʌ́ndər] **アンダァ**

🔜 **〜の下に**

▶ under the desk（机の下に）

□717

wrote

[rout] **ロウ**ト

🔵 **write（書く）の過去形**

□718

American

[əmérikən] **アメリカン**

🔶 **アメリカの** 🔷 **アメリカ人**

□719

among

[əmʌ́ŋ] **アマン**グ

🔜 **（3つ以上）の間に**

▶ He is popular among children.

（彼は子どもたちの間で人気があります。）

□720

carry

[kǽri] **キャ**リ

🔵 **運ぶ**

□721

child

[tʃaild] **チャイゥ**ド

🔺 children

🔷 **子ども**

□722

light

[lait] **ライ**ト

🔷 **明かり** 🔶 **明るい，軽い**

blue

[blu:] ブルー

名形 **青(い)**

mom

[mɑm] マム

名 **お母さん(mother)**

＊子どもが呼びかけるときなどに使われる。

grandfather

[grǽndfɑːðər] グランファーザァ

名 **祖父**

(関連) grandmother（祖母）

sit

[sit] スィット

過 sat

動 **すわる**

(関連) stand（立つ）

hundred

[hʌ́ndrəd] ハンドレド

名形 **100(の)**

▶ two hundred and fifty（250）

swim

[swim] スウィム

過 swam － swum

動 **泳ぐ**

(関連) swimming（水泳）

taught

[tɔːt] トート　発音注意

動 **teach(教える)の過去形・過去分詞**

右側縦書き：750語レベル　Level 08

1600 1500 1400 1300 1200 1100 1000 900 800 700 600 500 400

⤺ p.75 の復習

□ 忙しい	busy	□ 今までに	ever	□ 前	front
□ ～の前に	in front of ～	□ see の過去分詞	seen	□ 主人	host
□ know の過去形	knew	□ 買い物に行く	go shopping		

□ 730	activity [æktívəti] アクティヴィティ	图 活動 ▶ club activities（クラブ活動） ▶ volunteer activities（ボランティア活動）
□ 731	happen [hǽpən] ハプン	動 起こる
□ 732	message [mésidʒ] メスィヂ	图 伝言 ＊leave a message で「伝言を残す」という意味。
□ 733	nature [néitʃər] ネイチャァ	图 自然
□ 734	village [vílidʒ] ヴィリヂ	图 村
□ 735	already [ɔːlrédi] オーゥレディ 発音注意	副 (もう)すでに
□ 736	eye [ai] アイ 発音注意	图 目

得点アップ message（伝言）は電話の会話でよく使われるので注意しましょう。
Would you like to leave a message?（伝言を残したいですか→伝言をお聞きしておきましょうか。）

🔄 p.76の復習

□ 〜の下に	under	□ write の過去形	wrote	□ アメリカの	American
□（3つ以上）の間に	among	□ 運ぶ	carry	□ 子ども	child
□ 明るい，軽い	light				

		1600

program
[próugræm] プ**ロウ**グラム

图 **番組，プログラム**

special
[spéʃəl] ス**ペ**シャゥ

形 **特別の**

store
[stɔːr] ス**トー**ァ

图 **店**

begin
[bigín] ビ**ギン**
過 began — begun

動 **始める，始まる**

save
[seiv] **セ**イヴ

動 **救う，節約する**
▸ save the earth（地球を救う）
▸ save water（水を節約する）

someone
[sʌ́mwʌn] **サ**ムワン

代 **だれか**

wear
[weər] **ウェ**アァ
過 wore — worn

動 **身につけている**
▸ wear kimono（着物を着る）
関連 put on ～（～を身につける）

750語レベル Level 08

744 **believe**
[bilíːv] ビリーヴ

動 **信じる**

---

745 **plant**
[plænt] プラント

名 **植物** 動 **植える**

---

746 **rice**
[rais] ライス

名 **米(ご飯),稲**

---

747 **cry**
[krai] クライ
過 cried

動 **泣く,さけぶ**

---

748 **China**
[tʃáinə] チャイナ

名 **中国**

関連 Chinese（中国の）

---

749 **fly**
[flai] フライ
過 flew ― flown

動 **飛ぶ**

---

750 **written**
[rítn] リトン **発音注意**

動 **write(書く)** の過去分詞

▸ written in English（英語で書かれた）

🔄 p.78の復習

□ 活動	activity	□ 起こる	happen	□ 伝言	message
□ 自然	nature	□ 村	village	□ すでに	already
□ 目	eye				

🎧 064

My grandfather lives in a small village in China.　He
is eighty years old, but he is very busy every day.　He
loves nature.　He begins work on his farm early in the
morning.　After work, he takes care of the rice and
other plants in the *field.　In the evening, he likes to
swim in the river in front of his farm.　He likes to
sleep, so he goes to bed between eight and nine.

＊field：畑，田

　私の祖父は中国の小さな村に住んでいます。彼は80歳ですが，毎日とても忙しいです。彼は自然を愛しています。彼は朝早く農場での仕事を始めます。仕事のあと，彼は田畑の稲やほかの植物の世話をします。夕方は農場の前の川で泳ぐのが好きです。彼は眠るのが好きで，8時から9時の間にベッドに入ります。

750語レベル　Level 08

↩ p.79の復習

□ 番組	program	□ 特別の	special	□ 店	store
□ 始める	begin	□ 救う	save	□ だれか	someone
□ 身につけている	wear				

81

□ 751 **communication** [kəmjuːnəkéiʃən] コミューニケイション	名 **コミュニケーション**
□ 752 **warm** [wɔːrm] ウォーム 発音注意	形 **暖かい, 温かい**
□ 753 **science** [sáiəns] サイエンス	名 **理科, 科学**
□ 754 **ride** [raid] ライド 過 rode ― ridden	動 **乗る**
□ 755 **tall** [tɔːl] トーゥ	形 **背が高い**
□ 756 **fall** [fɔːl] フォーゥ 過 fell ― fallen	動 **落ちる** 名 **秋**
□ 757 **short** [ʃɔːrt] ショート	形 **短い** 関連 long (長い)
□ 758 **vegetable** [védʒtəbl] ヴェヂタボゥ	名 **野菜**

while
[hwail] フ**ワイ**ゥ

接 **〜する間に**

(for a while で) **しばらくの間**

(after a while で) **その後しばらくして**

wrong
[rɔːŋ] **ローン**グ

形 **間違った**

(What's wrong? で) **どうかしたの？**

関連 right（正しい）

face
[feis] **フェイ**ス

名 **顔**

stand
[stænd] ス**タン**ド

過 stood

動 **立つ**

関連 sit（すわる）

until
[əntíl] アン**ティ**ゥ

前 接 **〜まで（ずっと）**

▶ wait until 10:00（10時まで待つ）

grow
[grou] グ**ロウ**

過 grew − grown

動 **成長する，育てる**

＊grow up で「(人が) 大きくなる，大人になる」の意味。

scientist
[sáiəntist] **サイエンティス**ト

名 **科学者**

800語レベル Level 09

得点アップ　while 〜（〜する間に）の部分は，文の前半にも後半にもくることがあります。
While I was in Tokyo, I visited many places. / I visited many places while I was in Tokyo.
（私は東京にいる間に，たくさんの場所を訪れました。）

↻ p.80の復習

□ 信じる	believe	□ 植物	plant	□ 米	rice
□ 泣く	cry	□ 中国	China	□ 飛ぶ	fly
□ write の過去分詞	written				

□ 766 **yet** [jet] **イェット**	副 (否定文で)**まだ**，(疑問文で)**もう** ▶ Have you finished yet? ー No, not yet. （もう終わりましたか。ーいいえ，まだです。）
□ 767 **nothing** [nʌ́θiŋ] **ナ**スィング **発音注意**	代 **何も～ない**
□ 768 **sun** [sʌn] **サン**	名 **太陽**
□ 769 **true** [tru:] **トルー**	形 **ほんとうの(真実の)** ▶ That's true.（それはほんとう[真実]です。）
□ 770 **dear** [diər] **ディアァ**	形 (手紙の書き出しで)**親愛なる(～様)** ▶ Dear John,（親愛なるジョンへ）
□ 771 **ran** [ræn] **ラン**	動 **run(走る)の過去形**
□ 772 **window** [wíndou] **ウィンドウ**	名 **窓**

得点アップ　nothing は，not ～ anything と同じ意味を表します。
I have nothing to do today.（私は今日は何もすることがありません。）
＝I don't have anything to do today.

↷ p.82の復習

□ コミュニケーション	communication	□ 暖かい	warm	□ 理科	science
□ 乗る	ride	□ 背が高い	tall	□ 落ちる，秋	fall
□ 短い	short	□ 野菜	vegetable		

maybe

[méibi] メイビ

副 **もしかしたら（〜かもしれない）**

▶ Maybe it'll rain tomorrow.

（もしかしたら，明日雨が降るかもしれない。）

traditional

[trədíʃənəl] トラ**ディ**ショナゥ

形 **伝統的な**

関連 tradition（伝統）

video

[vídiou] **ヴィ**ディオウ

名 **動画**，(video game で) **テレビゲーム**

ground

[graund] グ**ラ**ウンド

名 **地面**

season

[síːzn] **スィー**ズン

名 **季節**

sunny

[sʌni] **サ**ニ

形 **明るく日のさす**

▶ It's sunny today.（きょうは晴れています。）

関連 sun（太陽）

white

[hwait] フ**ワ**イト

名形 **白（い）**

⤴ p.83の復習

□ 〜する間に	while	□ 間違った	wrong	□ どうかしたの？	What's wrong?
□ 顔	face	□ 立つ	stand	□ 〜まで（ずっと）	until
□ 成長する	grow	□ 科学者	scientist		

1780	hungry [háŋgri] **ハ**ングリ	形 **空腹の**
1781	pet [pet] **ペ**ット	名 **ペット**
1782	robot [róubat] **ロ**ウバト	名 **ロボット**
1783	sky [skai] ス**カイ**	名 **空**
1784	classroom [klæsru:m] ク**ラ**スルーム	名 **教室**
1785	even [í:vən] **イ**ーヴン	副 **〜でさえ** ▸ They work even on Sundays. （彼らは日曜日でも働きます。）
1786	sent [sent] **セ**ント	動 **send**（送る）の過去形・過去分詞

（得点アップ） evenは比較級を強調して「さらに」の意味で使われることもあります。
That book is interesting, but this one is even more interesting.
（あの本はおもしろいですが，この本はさらにおもしろいです。）

↻ p.84の復習

□ （否定文で）まだ	yet	□ 何も〜ない	nothing	□ 太陽	sun
□ ほんとうの	true	□ 親愛なる	dear	□ run の過去形	ran
□ 窓	window				

catch
[kætʃ] キャッチ
過 caught

動 **つかまえる**
▸ catch fish（魚をとる）

strong
[strɔːŋ] ストローング

形 **強い**

Chinese
[tʃainíːz] チャイニーズ

形 **中国の** 名 **中国人，中国語**

energy
[énərdʒi] エナヂ 発音注意

名 **エネルギー**
▸ save energy（エネルギーを節約する）

zoo
[zuː] ズー

名 **動物園**

information
[infərméiʃən] インフォメイション

名 **情報**

office
[ɔ́ːfis] オーフィス

名 **事務所，会社**

800語レベル Level 09

↻ p.85の復習

□ もしかしたら	maybe	□ 伝統的な	traditional	□ 動画	video
□ 地面	ground	□ 季節	season	□ 明るく日のさす	sunny
□ 白い	white				

87

794 **suddenly** [sʌ́dnli] **サ**ドンリ	副 **突然**
795 **return** [ritə́ːrn] リ**タ**〜ン	動 **戻る，戻す** ▶ return to Japan（日本に戻る）
796 **brought** [brɔːt] ブ**ロー**ト 発音注意	動 **bring（持ってくる）の過去形・過去分詞**
797 **forest** [fɔ́ːrist] **フォー**リスト	名 **森**
798 **history** [hístəri] **ヒ**ストゥリ	名 **歴史**
799 **point** [pɔint] **ポイン**ト	名 **点** ▶ a good point（よい点，長所）
800 **almost** [ɔ́ːlmoust] **オー**ゥモウスト	副 **もう少しで，ほとんど** ▶ almost every day（ほとんど毎日）

↺ p.86の復習

□ 空腹の	hungry	□ ペット	pet	□ ロボット	robot
□ 空	sky	□ 教室	classroom	□ 〜でさえ	even
□ send の過去形	sent				

1600
1500
1400
1300
1200
1100
1000
900
800
700
600
500
400

長文読解に挑戦 『友人への手紙』
800 語レベルの英文

🎧 072

Dear James,
(親愛なる) 〜様

Thank you for your letter! I loved the pictures you sent me.
send (送る) の過去形

It's summer in Hokkaido now. This is my favorite season because it's warm and sunny every day.
季節　　　　　　暖かい　　　明るく日のさす
Every morning, after I *wake up, I open the window
窓
and look up at the sky. The sky is blue, and the sun is
空　　　　　　空　　　　　　太陽
strong. It feels great.
強い

Summer is short here. This summer, I have to
短い
grow vegetables for my school homework. I haven't
育てる 野菜
started yet, so I think I will start today.
まだ

I'll write you again!

Takashi

* wake up：目をさます

親愛なるジェームズへ，
　手紙ありがとう。きみが送ってくれた写真は
とても気に入ったよ。
　北海道は今，夏です。毎日暖かくて晴れてい
るので，ぼくのいちばん好きな季節です。毎朝
目がさめると，窓を開けて空を見上げます。空
が青くて，日差しが強い。すごく気持ちいいよ。
　ここでは夏は短いです。この夏，学校の宿題
で，野菜を育てなければなりません。まだ始め
ていないので，今日始めようと思っています。
　また手紙を書きます！
　　　　　　　　　　　　　　タカシ

🔄 p.87の復習

□ つかまえる	catch	□ 強い	strong	□ 中国の	Chinese
□ エネルギー	energy	□ 動物園	zoo	□ 情報	information
□ 事務所	office				

□801 **difference** [dífərəns] ディファレンス	图 **違い** ▶ difference between A and B（A と B の違い） (関連) different（異なった）
□802 **island** [áilənd] アイランド 発音注意	图 **島**
□803 **museum** [mjuːzíːəm] ミューズィーアム 発音注意	图 **博物館，美術館**
□804 **snow** [snou] スノウ	動 **雪が降る** 图 **雪** (関連) rain（雨〈が降る〉）
□805 **spend** [spend] スペンド 過 spent	動 **（時を）過ごす，（金を）使う** ▶ How did you spend your vacation? （あなたは休暇をどのように過ごしましたか。）
□806 **ate** [eit] エイト	動 **eat（食べる）の過去形**
□807 **delicious** [dilíʃəs] ディリシャス	形 **とてもおいしい**
□808 **hotel** [houtél] ホウテゥ 発音注意	图 **ホテル**

door
[dɔːr] **ドーァ**

名 **ドア**

egg
[eg] **エッグ**

名 **卵**

garden
[gáːrdn] **ガードン**

名 **庭園**

race
[reis] **レイス**

名 **競走**

fruit
[fruːt] **フルート**

名 **くだもの**

lost
[lɔːst] **ロースト**

動 **lose（失う）の過去形・過去分詞**
▸ I've lost my bag.（私はかばんをなくしました。）

afraid
[əfréid] **アフレイド**

形 **こわがって**
* **be afraid of ～** で「～をこわがる」の意味。
（I'm afraid ～.で）**残念ながら～。**

得点アップ　I'm afraid ～.（残念ながら～）は，言いにくいことや失礼になりそうなことを相手に伝えるとき，表現をやわらげるために使われます。
I'm afraid I can't help you.（残念ながらお手伝いできません。）

↺ p.88の復習

□ 突然	suddenly	□ 戻る, 戻す	return	□ bring の過去形	brought
□ 森	forest	□ 歴史	history	□ 点	point
□ もう少しで	almost				

850語レベル　Level 10

□ 816

chance

[tʃæns] **チャン**ス

名 **機会**

▶ have a chance to ~ （~する機会がある）

□ 817

close

[klouz] ク**ロウ**ズ

動 **閉じる**

関連 open （開く）

□ 818

forget

[fərɡét] フォ**ゲッ**ト

過 forget − forgot / forgotten

動 **忘れる**

▶ I'll never forget ~. （私は~を決して忘れません。）

関連 remember （覚えている）

□ 819

green

[griːn] グ**リー**ン

名 形 **緑色(の)**

□ 820

lake

[leik] **レイ**ク

名 **湖**

□ 821

ticket

[tíkit] **ティキ**ト

名 **切符, チケット**

□ 822

uncle

[ʌ́ŋkl] **アンコ**ゥ

名 **おじ**

関連 aunt （おば）

得点アップ　close は, 「ごく近い」「すぐ近くに」という意味の形容詞や副詞もあります。この close は [klous ク**ロウ**ズ] と発音するので注意しましょう。
He sat close to me. （彼は私のすぐ近くに座りました。）

⤴ p.90の復習

□ 違い	difference	□ 島	island	□ 博物館	museum
□ 雪	snow	□ (時を)過ごす	spend	□ eat の過去形	ate
□ とてもおいしい	delicious	□ ホテル	hotel		

die
[dai] ダイ **発音注意**

動 死ぬ

lucky
[lʌ́ki] ラキ

形 幸運な

math
[mæθ] マス

名 数学

seat
[si:t] スィート

名 座席
▶ give my seat to 〜 （〜に自分の席をゆずる）

card
[kɑ:rd] カード

名 カード

star
[stɑ:r] スターァ

名 星

subject
[sʌ́bdʒekt] サブヂェクト

名 教科, 主題
▶ my favorite subject （私の大好きな教科）

850語レベル　Level 10

⟳ p.91の復習

□ ドア	door	□ 卵	egg	□ 庭園	garden
□ 競走	race	□ くだもの	fruit	□ lose の過去形	lost
□ 〜をこわがる	be afraid of 〜	□ 残念ながら〜。	I'm afraid 〜.		

93

□ 830 **win** [win] **ウィン** 過 won	動 **勝つ** ▸ win the game（試合に勝つ）
□ 831 **held** [held] **ヘッド**	動 **hold（手に持つ）**の過去形・過去分詞 **(be held で)（会などが）開催される** ▸ The meeting was held last week.（その会議は先週開催された。）
□ 832 **taken** [téikən] **テイクン**	動 **take（取る）**の過去分詞 ▸ This picture was taken in 1945. （この写真は1945年に撮られました。）
□ 833 **thousand** [θáuzənd] **サウザンド** 発音注意	名 形 **1000（の）** ▸ two thousand five hundred yen（2,500円）
□ 834 **line** [lain] **ライン**	名 **線** ▸ the Yamanote Line（山手線）
□ 835 **sign** [sain] **サイン** 発音注意	名 **記号，標識** **(sign language で)手話**
□ 836 **yellow** [jélou] **イェロウ**	名 形 **黄色（い）**

↻ p.92の復習

□ 機会	chance	□ 閉じる	close	□ 忘れる	forget
□ 緑色の	green	□ 湖	lake	□ 切符	ticket
□ おじ	uncle				

cloudy

[kláudi] クラウディ

形 **くもった**

▶ It's cloudy today. （きょうはくもりです。）

pass

[pæs] パス

動 **(物を)手渡す，(時が)たつ**

▶ Ten years have passed. （10年がたちました。）

red

[red] レッド

名 形 **赤(い)**

introduce

[intrədjú:s] イントロデュース

動 **紹介する**

＊introduce A to B で「A を B に紹介する」の意味。

▶ introduce a friend to my parents （両親に友だちを紹介する）

weekend

[wí:kend] ウィーケンド

名 **週末**

baby

[béibi] ベイビ

名 **赤ちゃん**

travel

[trǽvəl] トラヴェゥ

動 **旅行する**

▶ travel around the world （世界中を旅行する）

850 語レベル　Level 10

↩ **p.93の復習**

□ 死ぬ	die	□ 幸運な	lucky	□ 数学	math
□ 座席	seat	□ カード	card	□ 星	star
□ 教科，主題	subject				

□ 844

build

[bild] **ビ**ゥド

過 built

🎬 **建てる**

(関連) building（建物）

□ 845

feeling

[fíːliŋ] **フィ**ーリン_グ

🅰 **気持ち**

▸ I can understand your feelings.

（あなたの気持ちは理解できます。）

□ 846

cool

[kuːl] **ク**ーゥ

🅵 **すずしい**

(関連) warm（暖かい）

□ 847

fan

[fæn] **ファン**

🅰 **ファン**

▸ I'm a big fan of baseball.

（私は野球の大ファンです。）

□ 848

fishing

[fíʃiŋ] **フィ**シン_グ

🅰 **魚つり**

＊go fishing で「つりに行く」の意味。

□ 849

able

[éibl] **エ**イボゥ

🅵 （be able to ～ で）**～できる**

(関連) can（～できる）

□ 850

newspaper

[njúːzpeipər] **ニュー**ズペイパァ

🅰 **新聞**

(得点アップ) be able to ～ は，過去の文と未来の文でよく使われます。 I was able to answer the question.（私はその質問に答えることができた。）／You'll be able to speak English better.（あなたはもっとじょうずに英語を話せるようになるでしょう。）

↩ p.94の復習

□ 勝つ	**win**	□ hold の過去形	**held**	□ take の過去分詞	**taken**
□ 1000	**thousand**	□ 線	**line**	□ 記号	**sign**
□ 手話	**sign language**	□ 黄色い	**yellow**		

長文読解に挑戦 『初めての魚つり』
850 語レベルの英文

🎧 080

Last weekend, I went fishing at the lake with my
　　　　週末　　　　　　　　魚つり　　　　　　湖
uncle. It was my first time to go fishing, so he taught
おじ　　　　　　　　　　　　　　魚つり
me everything. We were able to catch many fish.
　　　　　　　　　　　　　　　～できた
My uncle said that we were lucky. At home, we ate
　　おじ　　　　　　　　　　幸運な　　　　　　eat（食べる）の過去形
the fish. They were delicious! I enjoyed spending
　　　　　　　　　　とてもおいしい　　　　　（時を）過ごす
time with my uncle. I hope I have a chance to go
　　　　　おじ　　　　　　　　　　　　機会
fishing with him again.
魚つり

先週末，おじさんと湖に魚つりに行きました。私は魚つりに行くのは初めてだったので，おじさんが私にすべて教えてくれました。私たちはたくさんの魚をとることができました。おじさんは，運がよかったんだと言いました。家で，私たちはその魚を食べました。とてもおいしかったです。私はおじさんと楽しく時間を過ごしました。彼とまた釣りに行く機会があればいいと思います。

↻ p.95の復習

□ くもった	cloudy	□ 手渡す	pass	□ 赤い	red
□ 紹介する	introduce	□ 週末	weekend	□ 赤ちゃん	baby
□ 旅行する	travel				

□ 851

o'clock

[əklák] オ_クラ_{ック}

副 ～時(ちょうど)

▶ at six o'clock （6時に）

□ 852

road

[roud] ロウド

名 道路

□ 853

yen

[jen] イェン

複 yen （単複同形）

名 円(お金の単位)

□ 854

anyone

[éniwʌn] エニワン

代 (疑問文で)だれか，(否定文で)だれも

(肯定文で)だれでも

▶ Does anyone know him? （だれか彼を知っていますか。）

□ 855

either

[íːðər] イーザァ

副 (否定文で)～もまた(…ない)

※否定文では too のかわりに either を使う。

▶ I can't swim. ― I can't, either. （私は泳げません。―私もです。）

□ 856

kitchen

[kítʃin] キチン

名 台所

□ 857

cut

[kʌt] カット

過 cut

動 切る

▶ cut down trees （木を切り倒す）

□ 858

graph

[græf] グラフ

名 グラフ

▶ Graph A shows ～. （グラフ A は～を表しています。）

sell [sel] **セ**ゥ 過 sold	動 **売る** 関連 buy（買う）	1600 1500 1400 1300 1200
wind [wind] **ウィン**ド	名 **風**	1100 1000 900 800
careful [kéərfl] **ケア**フォ 比 more 〜 – most 〜	形 **注意深い** （Be careful. で）**注意して。（気をつけて。）**	700 600 500 400
far [fɑːr] **ファー**ァ	副 **遠くに** ▸ Is it far from here?（それはここから遠いですか。）	
hamburger [hǽmbəːrgər] **ハンバ〜ガ**ァ	名 **ハンバーガー**	
guide [gaid] **ガイ**ド	名 **案内人**，（guide dog で）**盲導犬**	
peace [piːs] **ピー**ス	名 **平和**	

900語レベル

Level 11

得点アップ　How far 〜? で，「どれくらい遠いですか」と距離をたずねることができます。
How far is it from here to the station?（ここから駅までどれくらいありますか。）

⤺ p.96の復習

□ 建てる	build	□ 気持ち	feeling	□ すずしい	cool
□ ファン	fan	□ 魚つり	fishing	□ つりに行く	go fishing
□ 〜できる	be able to 〜	□ 新聞	newspaper		

rainy [réini] **レイ**ニ	形 **雨の** ▶ It will be rainy this weekend.（今週末は雨でしょう。） 関連 snowy（雪の降る）
side [said] **サイ**ド	名 **側面**, (on the 〜 side で) **〜側に** ▶ on the left side（左側に）
angry [ǽŋgri] **アン**グリ	形 **（かんかんに）怒った** ＊get angry で「怒る」の意味。
black [blæk] ブ**ラッ**ク	名 形 **黒(い)**
laugh [læf] **ラ**フ　発音注意	動 **（声を出して）笑う**
reason [ríːzn] **リー**ズン	名 **理由**
bridge [bridʒ] ブ**リッ**ヂ	名 **橋**

↻ p.98の復習

□ 〜時（ちょうど）	o'clock	□ 道路	road	□ 円	yen
□ （疑問文で）だれか	anyone	□ （否定文で）〜もまた	either	□ 台所	kitchen
□ 切る	cut	□ グラフ	graph		

map [mæp] **マ**ップ	名 **地図**	
paint [peint] **ペイ**ント	動 **(絵の具で)描く** ▶ paint a picture（絵を描く） （関連）painting（絵）	
spoke [spouk] ス**ポウ**ク	動 **speak（話す）の過去形** ▶ A woman spoke to me. （女性が私に話しかけてきました。）	
wall [wɔːl] **ウォー**ゥ	名 **壁** ▶ a picture on the wall （壁にかかっている絵，壁に描かれた絵）	
plane [plein] プ**レイン**	名 **飛行機**	
quickly [kwíkli] ク**ウィ**クリ 比 more ～ － most ～	副 **すばやく** ▶ move quickly（すばやく動く）	
ski [skiː] ス**キー**	動 **スキーをする** ＊go skiing で「スキーに行く」の意味。 （関連）skiing（スキー）	

900語レベル Level 11

1600
1500
1400
1300
1200
1100
1000
900
800
700
600
500
400

↻ p.99の復習

□ 売る	sell	□ 風	wind	□ 注意深い	careful
□ 注意して。	Be careful.	□ 遠くに	far	□ ハンバーガー	hamburger
□ 案内人	guide	□ 盲導犬	guide dog	□ 平和	peace

085

view [vju:] **ヴュー**	图 **眺め, 物の見方** ▶ a view from the mountain (山からの眺め)
across [əkrɔ́:s] **アクロース**	前 **〜を横切って** ▶ walk across the street (通りを歩いて渡る)
arrive [əráiv] **アライヴ**	動 **到着する** ＊arrive at 〜 で「〜に到着する」の意味。 ▶ arrive at a hotel (ホテルに着く)
born [bɔ́:rn] **ボーン**	形 (be born で) **生まれる** ▶ I was born in Tokyo. (私は東京で生まれました。)
college [kálidʒ] **カリヂ**	图 **大学**
voice [vɔ́is] **ヴォイス**	图 **声**
whose [hu:z] **フーズ**	形 **だれの** ▶ Whose pen is this? (これはだれのペンですか。)

得点アップ　「〜に到着する」は，arrive at 〜 のほかに get to 〜 も使われます。
We arrived at the station at 9:30. / We got to the station at 9:30.
(私たちは 9 時30分に駅に着きました。)

⤵ p.100の復習

□ 雨の	rainy	□ 側面	side	□ 左側に	on the left side
□ 怒る	get angry	□ 黒い	black	□ 笑う	laugh
□ 理由	reason	□ 橋	bridge		

alone
[əlóun] アロウン

🗣 **ひとりで（ほかにだれもいなくて）**

▶ My grandfather lives alone.

（私の祖父はひとりで暮らしています。）

dad
[dæd] ダッド

🗣 **お父さん（father）**

＊子どもが呼びかけるときなどに使われる。

phone
[foun] フォウン

🗣 **電話（telephone）**

▶ talk on the phone （電話で話す）

▶ get a phone call （電話を受ける）

strange
[streindʒ] ストレインヂ

🗣 **奇妙な**

end
[end] エンド

🗣 **終わり，端** 🗣 **終わる**

▶ at the end of the month （その月の終わりに）

wash
[waʃ] ワッシュ

🗣 **洗う**

expensive
[ikspénsiv] イクスペンスィヴ

🗣 more 〜 － most 〜

🗣 **（品物が）高価な**

900語レベル Level 11

103

hall [hɔːl] **ホー**ゥ	名 **ホール(会館)**, (city hall で) **市役所**
report [ripɔ́ːrt] リ**ポート**	名 **レポート(報告)** ▶ write a report about 〜 (〜についてのレポートを書く) ▶ a weather report (気象情報, 天気予報)
straight [streit] スト**レイ**ト 発音注意	副 **まっすぐに** ▶ go straight (まっすぐ行く)
women [wímin] **ウィ**ミン 発音注意	名 **woman(女の人)の複数形** 関連 men (man〈男の人〉の複数形)
hold [hould] **ホウ**ゥド 過 held	動 **手に持つ** ▶ a woman holding a baby (赤ちゃんを抱いている女性)
along [əlɔ́ːŋ] ア**ロー**ンッ	前 **〜に沿って** ▶ walk along the river (川沿いに歩く)
lose [luːz] **ルー**ズ 過 lost	動 **失う, 負ける** ▶ lose money (お金をなくす) ▶ lose the game (試合に負ける)

1600
1500
1400
1300
1200
1100
1000
900
800
700
600
500
400

長文読解に挑戦 『道案内』
900 語レベルの英文

🎧 088

A: Excuse me, do you know where this hamburger
ハンバーガー

shop is? I have a map, but I can't find the shop.
地図

B: Let me see. Oh, OK. It's in a strange place, but
奇妙な

it's not far from here. Go straight along this road.
遠くに　　　　　　　　　　　まっすぐに　〜に沿って　　道路

You will see a small bridge on your right. Walk
橋

across the bridge. You'll see the shop at the end of
〜を横切って　　橋　　　　　　　　　　　　　　　　端

the bridge.
橋

A：すみません，このハンバーガーショ
ップがどこにあるか知っています
か。地図は持っているのですが，お
店を見つけられなくて。
B：ええと，ああ，わかりました。変な
場所にあるのですが，ここから遠く
はありません。この道路に沿ってま
っすぐ行ってください。そうすると
右側に小さな橋が見えます。その橋
を渡ってください。お店はその橋を
渡ったところにあります。

901 once
[wʌns] **ワン**ス

副 **1度, かつて**
▶ once a week（週に1回）

902 poor
[puər] **プ**アァ

形 **貧しい, かわいそうな**

関連 rich（金持ちの）

903 sat
[sæt] **サッ**ト

動 **sit（すわる）の過去形・過去分詞**

904 air
[eər] **エ**アァ

名 **空気**

905 built
[bilt] **ビッ**ト

動 **build（建てる）の過去形・過去分詞**

906 contest
[kántest] **カン**テスト

名 **コンテスト**
▶ a speech contest（スピーチコンテスト）

907 excited
[iksáitid] イク**サイ**ティド

形 **興奮した**
▶ I was excited to hear that.
（私はそれを聞いてわくわくしました。）

908 son
[sʌn] **サン**

名 **息子**

関連 daughter（娘）

1600
1500
1400
1300
1200
1100
1000
900
800
700
600
500
400

slowly

[slóuli] スロウリ

比 more 〜 － most 〜

副 **ゆっくりと**

▶ speak more slowly（もっとゆっくりと話す）

space

[speis] スペイス

名 **宇宙**

temple

[témpl] テンプゥ

名 **寺**

understood

[ʌndərstúd] アンダストゥッド

動 **understand**（理解する）の過去形・過去分詞

body

[bádi] バディ

名 **体**

ship

[ʃip] シップ

名 **船**

carefully

[kéərfli] ケアフリ

比 more 〜 － most 〜

副 **注意深く**

▶ listen carefully（注意深く聞く）

関連 careful（注意深い）

950語レベル　Level 12

916	exchange [ikstʃéindʒ] イクス**チェイン**ヂ	動 **交換する** 名 **交換** ▶ exchange e-mails（メールをやり取りする） ▶ an exchange student（交換留学生）
917	full [ful] **フ**ゥ	形 **いっぱいの** ＊be full of ～ で「～でいっぱいだ」の意味。
918	national [nǽʃənəl] **ナ**ショナゥ	形 **国立の** ▶ a national park（国立公園）
919	collect [kəlékt] コ**レ**クト	動 **集める** ▶ collect money（お金[寄付]を集める）
920	company [kʌ́mpəni] **カ**ンパニ	名 **会社**
921	Korea [kəríːə] コ**リー**ァ	名 **韓国，朝鮮** 関連 Korean（韓国・朝鮮の）
922	share [ʃeər] **シェ**アァ	動 **共有する，分け合う** ▶ share information（情報を共有する）

得点アップ　full には，「いっぱいの」のほか「おなかがいっぱいの」という意味もあります。
The box was full of water.（その箱には水がいっぱい入っていた。）
I'm not hungry. I'm full.（私は空腹ではありません。おなかがいっぱいです。）

↩ p.106の復習

□ 1度，かつて	once	□ 貧しい	poor	□ sit の過去形	sat
□ 空気	air	□ build の過去形	built	□ コンテスト	contest
□ 興奮した	excited	□ 息子	son		

touch
[tʌtʃ] タッチ

動 さわる

caught
[kɔ:t] コート **発音注意**

動 catch（つかまえる）の過去形・過去分詞

hit
[hit] ヒット
過 hit

動 打つ, （台風などが）襲う
▶ A typhoon hit Tokyo.（台風が東京を襲った。）

ice
[ais] アイス

名 氷

impressed
[imprést] インプレスト

形 感銘を受けた
＊be impressed で「感銘を受ける」の意味。

meeting
[mí:tiŋ] ミーティング

名 会合, 会議

moon
[mu:n] ムーン

名 （天体の）月

（得点アップ） be impressed by[with] ～ で「～に感銘を受ける」という意味になります。
I was impressed with your speech.（私はあなたのスピーチに感銘を受けました。）

🔄 p.107の復習

□ ゆっくりと	slowly	□ 宇宙	space	□ 寺	temple
□ understand の過去形	understood	□ 体	body	□ 船	ship
□ 注意深く	carefully				

950語レベル Level 12

mouth

[mauθ] マウス

名 口^{くち}

---

police

[pəlíːs] ポリース

名 警察

▶ a police officer（警察官）

---

proud

[praud] プラウド

形 (be proud of ～ で)～を誇りに思っている

▶ I'm proud of my job.

（私は自分の仕事を誇りに思っています。）

---

break

[breik] ブレイク

過 broke － broken

動 壊す　名 休けい

▶ take a break（休けいする）

---

cute

[kjuːt] キュート

形 かわいらしい

---

bus stop

[bʌ́s stɑp] バス スタップ

名 バス停

---

communicate

[kəmjúːnəkeit] コミューニケイト

動 意思を通じ合う

＊communicate with ～ で「～と意思を通じ合う」の意味。

---

explain
[ikspléin] イクスプ**レイン**

動 **説明する**

---

protect
[prətékt] プロ**テ**クト

動 **保護する**

▶ protect nature（自然を保護する）

---

throw
[θrou] ス**ロウ**

過 threw － thrown

動 **投げる**

＊throw away で「捨てる」の意味。

---

umbrella
[ʌmbrélə] アンブ**レ**ラ

名 **かさ**

---

area
[éəriə] **エ**リア

名 **地域**

---

fell
[fel] **フェ**ゥ

動 **fall（落ちる）の過去形**

---

field
[fi:ld] **フィー**ゥド

名 **畑，競技場**

（関連）field trip（遠足，校外見学）

950語レベル　Level 12

↻ p.109の復習

□ さわる	touch	□ catch の過去形	caught	□ 打つ	hit
□ 氷	ice	□ 感銘を受ける	be impressed	□ 会合	meeting
□ （天体の）月	moon				

garbage

[gá:rbidʒ] **ガービヂ**

图 **生ごみ**

---

half

[hæf] **ハ**ヮ 発音注意

图形 **半分(の)**

▶ half of the students（その生徒たちの半分）

▶ half an hour（30分）

---

outside

[autsáid] アウト**サイド**

前副 **(〜の)外側に**

▶ It's raining outside.（外は雨が降っています。）

関連 inside（内側に）

---

tear

[tiər] **ティ**アァ 発音注意

图 (tears で) **涙**

▶ Her eyes were full of tears.

（彼女の目は涙でいっぱいでした。）

---

top

[tɑp] **タ**ッヮ

图 **頂上**

▶ at the top of the mountain（山の頂上で）

---

camp

[kæmp] **キャ**ンヮ

图動 **キャンプ(をする)**

＊go camping で「キャンプに行く」の意味。

---

cherry

[tʃéri] **チェ**リ

图 **サクランボ**

(cherry tree で) **桜の木**

(cherry blossom で) **桜の花**

↩ p.110の復習

□ 口(くち)	mouth	□ 警察	police	□ 〜を誇りに思う	be proud of 〜
□ 壊す	break	□ 休けいする	take a break	□ かわいらしい	cute
□ バス停	bus stop	□ 意思を通じ合う	communicate		

🎧096

There is an exchange student at our school. Today,
I took him to an old temple in my town. He got
excited when I told him that the temple was built over
1000 years ago. We sat by the temple, and I explained
Japanese culture to him. It was difficult to
communicate in English, but he listened to me
carefully. He said he was impressed by Japanese
culture. When he said that, I felt proud of my own
country.

交換 (exchange)
寺 (temple)
興奮した (excited)
寺 (temple)
build(建てる)の過去分詞 (built)
sit(すわる)の過去形 (sat)
寺 (temple)
説明する (explained)
意思を通じ合う (communicate)
注意深く (carefully)
感銘を受けた (impressed)
誇りに思っている (proud)

私たちの学校には交換留学生がい
ます。きょう彼を，私の町にある古
いお寺に連れて行きました。そのお
寺が1000年以上前に建てられたこ
とを彼に伝えると，彼は興奮しまし
た。私たちはお寺のそばにすわっ
て，私は彼に日本の文化を説明しま
した。英語で意思を伝え合うことは
むずかしかったのですが，彼は私の
話を注意深く聞いてくれました。彼
は日本の文化に感銘を受けたと言い
ました。彼がそう言ったとき，私は
自身の国を誇りに感じました。

↺ p.111の復習

□ 説明する	explain	□ 保護する	protect	□ 投げる	throw
□ 捨てる	throw away	□ かさ	umbrella	□ 地域	area
□ fall の過去形	fell	□ 畑	field		

951	classmate [klǽsmeit] ク**ラ**スメイト	图 **クラスメイト**
952	event [ivént] イ**ヴェ**ント	图 **行事**
953	health [helθ] **ヘ**ゥス	图 **健康**
954	choose [tʃuːz] **チュ**ーズ 過 chose — chosen	動 **選ぶ**
955	clerk [kləːrk] ク**ラ**〜ク	图 **店員**
956	doll [dɑːl] **ダ**ーゥ	图 **人形**
957	finally [fáinəli] **ファ**イナリ	副 **最後に, とうとう** 関連 at last（とうとう）
958	guess [ges] **ゲ**ス	動 **推測する** ▸ Can you guess? （〈答えなどが〉わかりますか。/ 言い当てられますか。）

114

borrow

[bároul] バロウ

動 借りる

関連 lend（貸す）

nose

[nouz] ノウズ

名 鼻

ready

[rédi] レディ

形 用意ができた

▶ Are you ready?（用意はいいですか。）

rock

[rɑk] ラック

名 岩

smell

[smel] スメゥ

動 においがする　名 におい

▶ This flower smells sweet.

（この花は甘いにおいがします。）

test

[test] テスト

名 検査, テスト

war

[wɔːr] ウォーァ　発音注意

名 戦争

1600
1500
1400
1300
1200
1100
1000
900
800
700
600
500
400

1000語レベル　Level 13

得点アップ　be ready to ～ で「～する用意ができている」という意味になります。
Are you ready to go?（出かける準備はできましたか。）

↩ p.112の復習

□ 生ごみ	garbage	□ 半分	half	□ 30分	half an hour
□ 外側に	outside	□ 涙	tears	□ 頂上	top
□ キャンプをする	camp	□ サクランボ	cherry	□ 桜の花	cherry blossom

966 **chorus**

[kɔ́:rəs] コーラス　発音注意

名 **合唱**

▸ a chorus contest（合唱コンテスト）

967 **dish**

[diʃ] ディッシュ

名 **皿, 料理**

▸ wash the dishes（皿を洗う）

968 **head**

[hed] ヘッド

名 **頭**

969 **men**

[men] メン

名 **man（男の人）**の複数形

関連 women（woman〈女の人〉の複数形）

970 **pardon**

[pɑ́:rdn] パードン

動（Pardon? で）**何とおっしゃいましたか。**

＊相手の言ったことを聞き返すときの表現。

971 **sang**

[sæŋ] サング

動 **sing（歌う）**の過去形

972 **bath**

[bæθ] バス

名 **ふろ**

▸ take a bath（ふろに入る）

p.114の復習

□ クラスメイト	classmate	□ 行事	event	□ 健康	health
□ 選ぶ	choose	□ 店員	clerk	□ 人形	doll
□ 最後に	finally	□ 推測する	guess		

dollar [dálər] ダラァ	图 **ドル（お金の単位）** ▸ ten dollars （10ドル）
invite [inváit] インヴァイト	動 **招待する** ▸ Thank you for inviting me. （私を招待してくれてありがとう。）
land [lænd] ランド	图 **陸地, 土地**
pay [pei] ペイ 過 paid	動 **支払う**
bank [bæŋk] バンク	图 **銀行**
art [ɑːrt] アート	图 **芸術, 美術** ▸ an art museum （美術館）
noon [nuːn] ヌーン	图 **正午** ▸ at noon （正午に）

1000語レベル Level 13

1600 1500 1400 1300 1200 1100 1000 900 800 700 600 500 400

（得点アップ） 〈invite＋人＋to ～〉で「（人）を～に招待する」という意味になります。
Akira invited me to his house. （アキラは私を彼の家に招待してくれた。）

🔄 p.115の復習

□ 借りる	borrow	□ 鼻	nose	□ 用意ができた	ready
□ 岩	rock	□ においがする	smell	□ 検査, テスト	test
□ 戦争	war				

☐ 980 **draw** [drɔː] ドロー 過 drew — drawn	動 **(ペンで絵や図を)描く** ▶ draw a map（地図を描く）
☐ 981 **local** [lóukəl] ロウカゥ	形 **その土地の** ▶ local food（その土地の食べ物，地元料理）
☐ 982 **heart** [hɑːrt] ハート	名 **心(感情)，心臓** ▶ a warm heart（温かい心）
☐ 983 **pick** [pik] ピック	動 **(花などを)つむ，(pick up で)拾う** ▶ pick up cans（缶を拾う）
☐ 984 **horse** [hɔːrs] ホース	名 **馬**
☐ 985 **won** [wʌn] ワン 発音注意	動 **win(勝つ)の過去形・過去分詞**
☐ 986 **India** [índiə] インディア	名 **インド** 関連 Indian（インドの）

🔁 p.116の復習

☐ 合唱	chorus	☐ 皿，料理	dish	☐ 頭	head
☐ man の複数形	men	☐ 何とおっしゃいましたか。	Pardon?		
☐ sing の過去形	sang	☐ ふろに入る	take a bath		

kill

[kil] **キ**ゥ

動 殺す，(be killed で)(事故などで)死ぬ

▶ A lot of people were killed in the war.

(たくさんの人がその戦争で死にました。)

leaf

[li:f] **リー**ァ

複 leaves

名 葉

shout

[ʃaut] **シャウ**ト

動 さけぶ

stone

[stoun] ス**トウン**

名 石

dangerous

[déindʒərəs] **デインヂャラ**ス

比 more ~ − most ~

形 危険な

関連 danger (危険)

elementary school

[eləméntəri sku:l] エレ**メ**ンタリ ス**クー**ゥ

名 小学校

finger

[fíŋgər] **フィ**ンガァ

名 (手の)指

🔄 p.117の復習

□ ドル	dollar	□ 招待する	invite	□ 陸地，土地	land
□ 支払う	pay	□ 銀行	bank	□ 芸術	art
□ 正午	noon				

1000語レベル Level 13

119

994	**meat** [mi:t] ミート	名 **肉**
995	**Korean** [kəríːən] コリーアン	形 **韓国の, 朝鮮の** 名 **韓国・朝鮮語[人]**
996	**machine** [məʃíːn] マシーン	名 **機械** ▸ a vending machine（自動販売機）
997	**mind** [maind] マインド	名 **心（頭の中）** ▸ in my mind（私の心の中[頭の中]で）
998	**nurse** [nəːrs] ナ〜ス	名 **看護師**
999	**plastic** [plǽstik] プラスティク	名 形 **プラスチック（の）** ▸ a plastic bag（ビニール袋） ▸ a plastic bottle（ペットボトル）
1000	**T-shirt** [tíːʃəːrt] ティーシャ〜ト	名 **T シャツ** 関連 shirt（シャツ, ワイシャツ）

⤴ p.118の復習

□（ペンで図を）描く	draw	□ その土地の	local	□ 心, 心臓	heart
□（花などを）つむ	pick	□ 拾う	pick up	□ 馬	horse
□ win の過去形	won	□ インド	India		

1600
1500
1400
1300
1200
1100
1000
900
800
700
600
500
400

長文読解に挑戦 『この料理は何？』
1000 語レベルの英文

🎧 104

Mr. White: Wow, everything looks delicious and smells
においがする
great, Ms. Suzuki.　What's this dish?
料理

Ms. Suzuki: Can you guess?
推測する

Mr. White: Hmm, I have no idea.

Ms. Suzuki: It's horse meat.
馬　肉

Mr. White: Pardon?　Did you say horse meat?
何とおっしゃいましたか。　　　　　　馬　肉

Ms. Suzuki: Yes.　It's a special local dish.　It's good for
その土地の　料理
your health.
健康

Mr. White: I see.　I have never tried horse meat before.
馬　肉

Ms. Suzuki: I hope you like it.　Well, I'm getting hungry.
Are you ready to eat?
用意ができた

ホワイト：わあ，全部おいしそうで，いいにお
　いですね，鈴木さん。この料理は何ですか。
鈴木：当ててみてください。
ホワイト：うーん，わからないな。
鈴木：それは馬の肉です。
ホワイト：何ですって？馬の肉と言いましたか。
鈴木：はい。それは特別な地元料理なんです。
　健康にいいんですよ。
ホワイト：わかりました。私はこれまでに馬肉
　を食べてみたことがありません。
鈴木：気に入っていただけるといいんですが。
　さて，おなかがすいてきたわ。食べる用
　意はできました？

🔄 p.119の復習

□ 殺す	kill	□ (事故などで)死ぬ	be killed	□ 葉	leaf
□ さけぶ	shout	□ 石	stone	□ 危険な	dangerous
□ 小学校	elementary school	□ (手の)指	finger		

1001 web [web] **ウェ**ブ	名 (the web で) **ウェブ (インターネットの情報網)** ▶ on the web (ウェブ上で) (関連) website (ウェブサイト)
1002 writer [ráitər] **ライ**タァ	名 **作家** (関連) write (書く)
1003 Africa [ǽfrikə] **ア**ッリカ	名 **アフリカ** (関連) African (アフリカの)
1004 community [kəmjú:nəti] コ**ミュー**ニティ	名 **地域社会**
1005 bottle [bátl] **バ**トォ	名 **びん**
1006 continue [kəntínju:] コン**ティ**ニュー	動 **続ける**
1007 drive [draiv] ド**ライ**ヴ 過 drove − driven	動 **運転する** (関連) driver (運転手)
1008 forward [fɔ́:rwərd] **フォー**ワド	副 **前方へ** (look forward to 〜 で) **〜を楽しみに待つ**

hair [heər] ヘアァ	名 **髪の毛**
healthy [hélθi] ヘゥスィ	形 **健康な** 関連 health（健康）
meter [míːtər] ミータァ 発音注意	名 **メートル**
worker [wə́ːrkər] ワ～カァ	名 **働く人** 関連 work（働く）
dark [dɑːrk] ダーク	形 **暗い** ▶ It's getting dark outside. （外は暗くなってきています。）
quiet [kwáiət] クワイエト	形 **静かな**
abroad [əbrɔ́ːd] アブロード	副 **外国に** ▶ travel abroad（外国旅行をする） ▶ I've never been abroad.（私は外国に行ったことがない。）

右側縦：1600 1500 1400 1300 1200 1100 1000 900 800 700 600 500 400

1050語レベル Level 14

得点アップ　look forward to ～ing で「～するのを楽しみに待つ」という意味になります。
I'm looking forward to seeing you.（お会いできるのを楽しみにしています。）

↻ p.120の復習

□ 肉	meat	□ 韓国の，朝鮮の	Korean	□ 機械	machine
□ 心	mind	□ 看護師	nurse	□ プラスチック	plastic
□ Tシャツ	T-shirt				

123

□ 1016 **airport** [éərpɔ:rt] エアポート	名 **空港**
□ 1017 **clothes** [klouz] クロウズ 発音注意	名 **衣服**
□ 1018 **farmer** [fá:rmər] ファーマァ	名 **農場経営者, 農家の人** 関連 farm（農場）
□ 1019 **floor** [flɔ:r] フローァ	名 **床, 階** ＊the first floor で「1 階」の意味。
□ 1020 **heavy** [hévi] ヘヴィ	形 **重い** 関連 light（軽い）
□ 1021 **hurry** [hɔ́:ri] ハ〜リ	動 **急ぐ**,（Hurry up. で）**急ぎなさい。**
□ 1022 **market** [má:rkit] マーキト	名 **市場**

opinion
[əpínjən] アピニョン

名 **意見**

＊in my opinion で「私の意見では」の意味。

stadium
[stéidiəm] ステイディアム
発音注意

名 **競技場**

supermarket
[súːpərmɑːrkit] スーパマーキト

名 **スーパーマーケット**

telephone
[téləfoun] テレフォウン

名 **電話（phone）**

wheelchair
[hwíːltʃeər] フ**ウィー**ゥチェアァ

名 **車いす**

grandma
[grǽndmɑː] グ**ランマー**

名 **おばあちゃん（grandmother）**

＊子どもが呼びかけるときなどに使う。

homestay
[hóumstei] ホウムステイ

名 **ホームステイ**

1050 語レベル　Level 14

1600 1500 1400 1300 1200 1100 1000 900 800 700 600 500 400

🔁 p.123の復習

□ 髪の毛	hair	□ 健康な	healthy	□ メートル	meter
□ 働く人	worker	□ 暗い	dark	□ 静かな	quiet
□ 外国に	abroad				

125

international [intərnǽʃənəl] インタナショナゥ 比 more ～ － most ～	形 **国際的な**
million [míljən] ミリョン	名 形 **100万（の）**
post office [póust ɔ:fis] ポゥスト オーフィス	名 **郵便局**
rule [ru:l] ルーゥ	名 **規則**
size [saiz] サイズ	名 **大きさ**
sweet [swi:t] スウィート	形 **あまい**
center [séntər] センタァ	名 **中心，センター**

得点アップ　millions of ～ で「何百万もの～」という意味になります。ほかに，thousands of ～（何千もの～），hundreds of ～（何百もの～）という言い方もあります。

🔄 p.124の復習

□ 空港	airport	□ 衣服	clothes	□ 農場経営者	farmer
□ 床	floor	□ 重い	heavy	□ 急ぐ	hurry
□ 市場	market				

department store

[dipá:rtmənt stɔ:r]
ディパートメント ストーァ

图 **デパート**

hole

[houl] **ホ**ウゥ

图 **穴**

injured

[índʒərd] **イ**ンヂャド

形 **けがをした**

＊**get injured** で「けがをする」の意味。

＊**be injured** で「けがをしている」の意味。

leg

[leg] **レ**ッグ

图 **足（足首から上の部分）**

関連 foot（足〈足首から下の部分〉）

meaning

[mí:niŋ] **ミー**ニング

图 **意味**

関連 mean（意味する）

page

[peidʒ] **ペ**イ ヂ

图 **ページ**

pretty

[príti] **プ**リティ

比 prettier － prettiest

形 **きれいな，かわいらしい**

▶ a pretty girl（かわいらしい女の子）

1600
1500
1400
1300
1200
1100
1000
900
800
700
600
500
400

1050語レベル Level 14

1044 **soft** [sɔːft] **ソー**フト	形 **やわらかい**
1045 **waste** [weist] **ウェ**イスト	動 **むだに使う**　名 **むだ** ▶ Don't waste your time. （時間をむだにするな。）
1046 **wife** [waif] **ワ**イフ 複 wives	名 **妻** 関連 husband（夫）
1047 **arm** [ɑːrm] **アー**ム	名 **腕** 関連 hand（手）
1048 **cap** [kæp] **キャ**ップ	名 **ぼうし**
1049 **else** [els] **エ**ゥス	副 **そのほかに** ▶ Anything else?（そのほかに何か〈ありますか〉。）
1050 **kilometer** [kilámətər] **キ**ラメタァ　発音注意	名 **キロメートル**

得点アップ　else は，What else 〜?（そのほかに何を[が]〜），something[anything] else（そのほかの何か），everything else（そのほかのすべて），everyone else（そのほかの全員）などの形でよく使われます。

↻ p.126の復習

□ 国際的な	international	□ 100万	million	□ 郵便局	post office
□ 規則	rule	□ 大きさ	size	□ あまい	sweet
□ 中心	center				

長文読解に挑戦 『リサイクルについての話し合い』
1050 語レベルの英文

🎧 112

1600
1500
1400
1300
1200
1100
1000
900
800
700
600
500
400

Yuya: I think we waste too many things. For example,
むだに使う
at supermarkets, they throw away a lot of food.
スーパーマーケット
At home, we throw away clothes if the size has
衣服　　　　　　サイズ
become too small.

Rika: I agree with Yuya's opinion. Farmers and
意見　　　　　農家の人
workers work hard to grow food and make
働く人
things. We shouldn't waste them.
むだに使う

George: I think we should use the community center to
地域社会　　センター
hold a *flea market. We can sell old things there.
市場
Also, we can sell old things through the web.
ウェブ

Teacher: That's a great idea!

*flea market：フリーマーケット

裕也：ぼくたちはたくさんのものをむだに使ってい
　　　ると思います。例えば，スーパーマーケット
　　　では，たくさんの食べ物を捨てています。家
　　　では，サイズが小さくなったら服を捨ててし
　　　まいます。

里香：私も裕也の意見に賛成です。農家の人や労働
　　　者は食物を育てたり，ものを作ったりするた
　　　めに一生けんめい働いています。私たちはそ
　　　れらをむだにするべきではありません。

ジョージ：コミュニティーセンターを使ってフリー
　　　マーケットを開くといいと思います。そこで
　　　古いものを売ることができます。また，ウェ
　　　ブを通じて古いものを売ることもできます。

先生：それはすばらしい考えだね！

1050 語レベル　Level 14

↩ p.127の復習

□ デパート	department store	□ 穴	hole	□ けがをする	get injured
□ 足（足首から上）	leg	□ 意味	meaning	□ ページ	page
□ きれいな，かわいらしい	pretty				

□ 1051
loud
[laud] **ラ**ウド

形 **(声などが)大きい**

▸ a loud voice （大声）

□ 1052
miss
[mis] **ミ**ス

動 **のがす，(だれかが)いなくてさびしく思う**

▸ I missed the chance. （私はチャンスをのがした。）

▸ I miss you. （私はあなたがいなくてさびしく思います。）

□ 1053
purpose
[pə́ːrpəs] **パ〜パ**ス

名 **目的**

▸ What's the purpose of your visit?

（〈入国審査で〉あなたの訪問の目的は何ですか。）

□ 1054
real
[ríːəl] **リ**ーアゥ

形 **ほんとうの，現実の**

関連 really （ほんとうに）

□ 1055
realize
[ríːəlaiz] **リ**ーアライズ

動 **さとる(気づく)，実現する**

▸ I realized it was very important.

（私はそれがとても大切なのだと気づいた。）

□ 1056
simple
[símpl] **ス**ィンポゥ

形 **単純な**

□ 1057
terrible
[térəbl] **テ**リボゥ

形 **ひどい**

□ 1058
tonight
[tənáit] トゥ**ナ**イト

副 名 **今夜**

関連 today （きょう）

1600
1500
1400
1300
1200
1100
1000
900
800
700
600
500
400

uniform

[júːnəfɔːrm] ユーニフォーム

名 **制服**

▶ a school uniform（学校の制服）

corner

[kɔ́ːrnər] コーナァ

名 **角**

▶ Turn right at the next corner.

（次の角を右に曲がってください。）

grew

[gruː] グルー

動 **grow（成長する，育てる）の過去形**

human

[hjúːmən] ヒューマン

形 **人間の** 名 **人間（human being）**

matter

[mǽtər] マタァ

名 **事柄，問題（やっかいなこと）**

（What's the matter? で）**どうかしたの？**

mistake

[mistéik] ミステイク

過 mistook － mistaken

名 **誤り** 動 **間違える**

＊**make a mistake** で「間違える」の意味。

address

[ǽdres] アドレス

名 **住所**

▶ an e-mail address（メールアドレス）

1100語レベル Level 15

↺ p.128の復習

□ やわらかい	soft	□ むだに使う	waste	□ 妻	wife
□ 腕	arm	□ ぼうし	cap	□ そのほかに	else
□ キロメートル	kilometer				

cellphone
1066
[sélfoun] **セゥフォウン**

图 **携帯電話** （cell phone ともつづる。）

関連 smartphone（スマートフォン）

express
1067
[iksprés] **イクスプレス**

動 **表現する**

▶ express my feelings（私の感情を表現する）

関連 expression（表現）

follow
1068
[fálou] **ファロウ**

動 **ついて行く，（指示などに）従う**

▶ Follow me.（私について来なさい。）

▶ follow the rules（ルールに従う）

low
1069
[lou] **ロウ**

形 **低い**

関連 high（高い）

medicine
1070
[médsən] **メドスン**

图 **薬**

piece
1071
[pi:s] **ピース**

图 （a piece of ～ で）**1 つの～**

＊数えられない名詞を 1 つ 2 つと数えるときに使われる。

▶ a piece of paper（1 枚の紙）

secret
1072
[sí:krit] **スィークリト**

图 **秘密**

得点アップ　a piece of ～ の複数形は piece だけを複数形にします。
2 枚の紙　→ two pieces of paper
3 つの忠告 → three pieces of advice

⤴ p.130の復習

□ （声が）大きい	loud	□ のがす	miss	□ 目的	purpose
□ ほんとうの	real	□ さとる	realize	□ 単純な	simple
□ ひどい	terrible	□ 今夜	tonight		

shoe

[ʃuː] シュー

名 **くつ**

▶ Take off your shoes.（くつをぬぎなさい。）

spoken

[spóukən] スポウクン

動 **speak（話す）** の過去分詞

▶ English is spoken in many countries.

（英語はたくさんの国で話されています。）

style

[stail] スタイゥ

名 **様式（スタイル）**

date

[deit] デイト

名 **日付**

▶ What's the date today?（今日は何日ですか。）

deep

[diːp] ディープ

形 **深い**

England

[íŋglənd] イングランド

名 **イングランド**

fact

[fækt] ファクト

名 **事実**，（in fact で）**実は**

1600
1500
1400
1300
1200
1100
1000
900
800
700
600
500
400

1100 語レベル Level 15

得点アップ　くつはふつう 2 つで 1 足なので複数形で使います。
「くつ 1 足」は a pair of shoes といいます。

133

flew [flu:] フルー	動 **fly（飛ぶ）の過去形**
headache [hédeik] ヘデイク　発音注意	名 **頭痛** ▶ I have a headache.（頭痛がします。）
hurt [hə́:rt] ハ〜ト　発音注意 過 hurt	動 **傷つける，痛む**　形 **傷ついた** ＊get hurt で「けがをする」の意味。 ▶ My finger hurts.（指が痛い。）
notice [nóutis] ノウティス	動 **気づく**
order [ɔ́:rdər] オーダァ	名動 **注文（する）** ▶ May I take your order? （ご注文をうかがってよろしいですか。）
produce [prədjú:s] プロデュース	動 **生産（産出）する** ▶ produce energy（エネルギーを生産する）
recycle [ri:sáikl] リーサイコゥ	動 **リサイクルする** ▶ recycle paper（紙をリサイクルする）

↻ p.132の復習

□ 携帯電話	cellphone	□ 表現する	express	□ ついて行く	follow
□ 低い	low	□ 薬	medicine	□ 1枚の紙	a piece of paper
□ 秘密	secret				

safe

[seif] **セイ**ッ

形 **安全な**

関連 dangerous（危険な）

traffic

[trǽfik] ト**ラ**フィク

名 **交通**

▶ a traffic light（交通信号）

United States

[ju:náitid stéits] ユー**ナイ**ティド ス**テイ**ッ

名 (the をつけて)**アメリカ合衆国**

＊the U.S. や the States という形もよく使われる。

advice

[ədváis] アド**ヴァイ**ス

名 **助言(アドバイス)**

against

[əgénst] ア**ゲン**スト

前 **〜に対抗して**

▶ I'm against the plan.

（私はその計画に反対です。）

cover

[kʌ́vər] **カ**ヴァァ

動 **おおう**

＊be covered with 〜 で「〜でおおわれている」の意味。

daughter

[dɔ́:tər] **ドー**タァ

名 **娘**

関連 son（息子）

得点アップ　against には「〜を背景にして」「〜に寄りかかって」という意味もあります。
The building looked beautiful against the sea.（その建物は海を背景にして美しく見えた。）

🔁 p.133の復習

1100語レベル　Level 15

1094 **electricity** [ilektrísəti] イレクト**リ**スィティ	名 **電気**
1095 **flight** [flait] フ**ライ**ト	名 **飛行機の便，空の旅** ▶ How was your flight? （空の旅はいかがでしたか。） (関連) fly（飛ぶ）
1096 **given** [gívn] **ギ**ヴン	動 **give（与える）の過去分詞**
1097 **greet** [gri:t] グ**リー**ト	動 **あいさつする** ▶ greet each other （お互いにあいさつする） (関連) greeting（あいさつ）
1098 **housework** [háuswəːrk] **ハ**ウスワ〜ク	名 **家事** ▶ do housework （家事をする）
1099 **kept** [kept] **ケ**プト	動 **keep（保つ）の過去形・過去分詞**
1100 **project** [prádʒekt] プ**ラ**ヂェクト	名 **計画（大がかりなもの）**

↶ p.134の復習

□ fly の過去形	**flew**	□ 頭痛	**headache**	□ 傷つける	**hurt**
□ けがをする	**get hurt**	□ 気づく	**notice**	□ 注文（する）	**order**
□ 生産する	**produce**	□ リサイクルする	**recycle**		

長文読解に挑戦 『友人関係の悩み』

🎧 120

Kumi: Mr. Green, can I have your advice about something?
　　　　　　　　　　　　　　　　　助言，アドバイス

Mr. Green: Of course, Kumi. What's the matter?
　　　　　　　　　　　　　　　　　事柄，問題

Kumi: I got really angry with my friend today because she didn't keep a secret. I said some terrible things to her. I think I really hurt her feelings.
　　　　　　　　　　　　　　　　　秘密　　　　　　　ひどい
　　　　　　　　　　　　　　　　　　　　　傷つける

Mr. Green: I see. Well, it's important to express your thoughts. But you should always be careful of your words.
　　　　　　　　　　　　　　　　　表現する

Kumi: Yes, I realize that now.
　　　　　　さとる，気づく

Mr. Green: Well, human beings make mistakes. Call her tonight and tell her how you are feeling.
　　　　　　人間　　　　　　　誤り
　　　　　今夜

久美：グリーン先生，あることについてアドバイスをもらえませんか。

グリーン先生：もちろん，久美。どうしたんだい？

久美：友だちが秘密を守らなかったので，きょう私は彼女のことをすごく怒ったんです。ひどいことをいくつか言ってしまいました。彼女の気持ちをほんとうに傷つけてしまったと思います。

グリーン先生：なるほど。まあ，自分の考えを表現することは大切だよ。でも，自分の言う言葉にはいつも気をつけているほうがいい。

久美：はい，そうなんだと気づきました。

グリーン先生：まあ，人間は間違いをするものだよ。今夜彼女に電話をして，あなたがどう感じているかを伝えなさい。

🔄 p.135の復習

□ 安全な	safe	□ 交通	traffic	□ アメリカ合衆国	the United States
□ 助言	advice	□ 〜に対抗して	against	□ おおう	cover
□ 〜でおおわれている	be covered with 〜	□ 娘	daughter

□1101 **raise** [reiz] **レイ**ズ	動 **上げる，育てる** ▸ Raise your hand. （手を上げて。）
□1102 **singer** [síŋər] **ス**ィンガァ	名 **歌手** 関連 sing （歌う），song （歌）
□1103 **south** [sauθ] **サウ**ス	名 **南** 関連 north （北）
□1104 **topic** [tápik] **タ**ピ ク	名 **話題**
□1105 **broken** [bróukən] ブ**ロウ**クン	動 **break**（こわす）の過去分詞　形 **こわれた** ▸ My bike is broken. （私の自転車はこわれています。）
□1106 **funny** [fʌ́ni] **ファ**ニ 比 funnier − funniest	形 **おかしい** ▸ a funny story （おもしろおかしい話） 関連 fun （おもしろいこと）
□1107 **natural** [nǽtʃərəl] **ナ**チュラゥ 比 more ～ − most ～	形 **自然の** 関連 nature （自然）
□1108 **reduce** [ridʒúːs] リ**デュー**ス	動 **減らす** ▸ reduce waste （むだを減らす）

138

| 1600 |
| 1500 |
| 1400 |
| 1300 |
| 1200 |
| 1100 |
| 1000 |
| 900 |
| 800 |
| 700 |
| 600 |
| 500 |
| 400 |

schedule
[skédʒuːl] スケヂューゥ

图 予定(表)

stood
[stud] ストゥッド

動 stand（立つ）の過去形・過去分詞

bright
[brait] ブライト

形 かがやいている
▶ a bright star（かがやく星）

drop
[drɑp] ドラッブ
過 dropped

動 落とす
▶ Excuse me. You dropped something.
（すみません。何か落としましたよ。）

environment
[inváiərənmənt] インヴァイランメント

图 環境
▶ protect the environment（環境を保護する）

foot
[fut] フット
複 feet

图 足（足首から下の部分），
フィート（長さの単位〈約30cm〉）
関連 leg（足〈足首から上の部分〉）

glass
[glæs] グラス

图 ガラス，コップ，(glasses で)めがね
▶ wear glasses（めがねをかけている）

1150語レベル　Level 16

p.136の復習

□ 電気	electricity	□ 飛行機の便	flight	□ give の過去分詞	given
□ あいさつする	greet	□ 家事	housework	□ keep の過去形	kept
□ （大がかりな)計画	project				

□ 1116	**holiday** [hάlədei] **ハ**リデイ	名 **祝日**
□ 1117	**pollution** [pəlú:ʃən] ポ**ル**ーション	名 **汚染** ▶ air pollution（大気汚染） ▶ environmental pollution（環境汚染）
□ 1118	**power** [páuər] **パ**ウアｧ	名 **力**（ちから）
□ 1119	**push** [puʃ] **プ**ッシュ	動 **押す** 関連 pull（引く）
□ 1120	**stage** [steidʒ] ス**テ**イヂ	名 **舞台** ▶ on the stage（舞台の上で）
□ 1121	**training** [tréiniŋ] ト**レ**イニング	名 **訓練**
□ 1122	**trouble** [trʌ́bl] ト**ラ**ボゥ	名 **心配（ごと），困ること**

accident
[ǽksədənt] **ア**クスィデント

图 **事故**

▶ a car accident（自動車事故）

band
[bænd] **バ**ンド

图 **バンド（楽団）**

▶ a brass band（ブラスバンド，吹奏楽団）

broke
[brouk] ブ**ロウ**ク

動 **break（こわす）の過去形**

▶ I broke my leg.（私は足を骨折しました。）

cause
[kɔːz] **コー**ズ

图 **原因** 動 **引き起こす**

▶ cause an accident（事故を起こす）

▶ It caused many problems.（それはたくさんの問題を引き起こした。）

driver
[dráivər] ド**ライヴァ**ァ

图 **運転手（ドライバー）**

関連 drive（車を運転する）

east
[iːst] **イー**スト

图 **東**

関連 west（西）

fire
[fáiər] **ファイア**ァ

图 **火**

1150語レベル Level 16

goal [goul] **ゴウゥ** 発音注意	名 **ゴール，目標**
jump [dʒʌmp] **ヂャンプ**	動 **跳ぶ（ジャンプする）**
luck [lʌk] **ラック**	名 **運** ＊**Good luck.** で「幸運を祈っています。」の意味。 関連 lucky（幸運な）
magic [mǽdʒik] **マヂック**	名形 **魔法（の）**
pain [pein] **ペイン**	名 **苦痛，痛み** ▶ feel a pain（苦痛[痛み]を感じる）
photo [fóutou] **フォウトウ**	名 **写真（photograph）** ▶ take a photo（写真をとる）
prepare [pripéər] **プリペアァ**	動 **準備をする** ▶ prepare for the speech contest （スピーチコンテストに向けて準備をする）

🔄 p.140の復習

□ 祝日	holiday	□ 汚染	pollution	□ 力（ちから）	power
□ 押す	push	□ 舞台	stage	□ 訓練	training
□ 心配（ごと）	trouble				

respect

[rispékt] リスペクト

動 **尊敬する** 名 **尊敬**

▶ respect other people（他人を敬う）

seed

[si:d] スィード

名 **種**

symbol

[símbəl] スィンボゥ

名 **象徴**

taste

[teist] テイスト

動 **味がする** 名 **味**

▶ This cake tastes good.

（このケーキはおいしい。）

temperature

[témprətʃər] テンプラチャァ

名 **温度**

bookstore

[búkstɔ:r] ブクストーァ

名 **書店**

climb

[klaim] クライム **発音注意**

動 **登る**

1150語レベル　Level 16

（**得点アップ**）　動詞の taste は「〜な味がする」という意味で，taste good のように〈taste＋形容詞〉の形で使われます。ほかに look（〜に見える），sound（〜に聞こえる），smell（〜なにおいがする）も，同じように〈動詞＋形容詞〉の形で使われます。

🔄 p.141の復習

□ 事故	accident	□ バンド（楽団）	band	□ break の過去形	broke
□ 原因	cause	□ 運転手	driver	□ 東	east
□ 火	fire				

□ 1144	**cultural** [kʌ́ltʃərəl] **カ**ッチュラゥ	形 **文化の** ▸ cultural differences（文化の違い）
□ 1145	**Europe** [júərəp] **ユ**ラプ 発音注意	名 **ヨーロッパ** 関連 European（ヨーロッパの）
□ 1146	**friendly** [fréndli] フ**レ**ンドリ	形 **友好的な**
□ 1147	**gold** [gould] **ゴ**ウゥド	名 **金** ▸ win a gold medal（金メダルを勝ち取る）
□ 1148	**imagine** [imǽdʒin] イ**マ**ヂン	動 **想像する** ▸ I can't imagine life without TV. （私はテレビのない生活なんて想像できません。）
□ 1149	**known** [noun] **ノ**ウン	動 **know（知っている）の過去分詞** ▸ I have known him for ten years. （私は彼と10年間知り合いです。）
□ 1150	**memory** [méməri] **メ**モリ	名 **記憶** 関連 remember（～を覚えている）

↻ p.142の復習

□ ゴール	goal	□ 跳ぶ	jump	□ 運	luck
□ 幸運を祈っています。	Good luck.	□ 魔法	magic
□ 苦痛	pain	□ 写真	photo	□ 準備をする	prepare

長文読解に挑戦 『地球を救うために』
1150 語レベルの英文

🎧128

1600
1500
1400
1300
1200
1100
1000
900
800
700
600
500
400

I read a book on protecting the environment.
環境
Pollution is a big problem, and it is causing a lot of
汚染　　　　　　　　　　　　　　　引き起こす
trouble around the world.　There were many photos
心配ごと　　　　　　　　　　　　　　　　写真
in the book.　I never imagined the earth was changing
想像する
so much.

　Pollution is *damaging our natural *resources, but I
汚染　　　　　　　　　　自然の
think we have the power to stop it.　We should think
力
hard about ways to reduce pollution.　We can't save
減らす　　汚染
the earth with magic.　But we can save the earth if we
魔法
change how we live.

*damage：損害を与える　resource：資源

私は環境保護についての本を読みました。汚染は大きな問題で，世界中でたくさんのトラブルを引き起こしています。その本にはたくさんの写真がのっていました。地球がそんなにも大きく変わっていたということを，私はこれまで一度も想像したことがありませんでした。
　汚染は天然資源に損害を与えていますが，私たちにはそれを止める力があると思います。私たちは汚染を減らす方法を一生けんめい考えるべきだと思います。魔法で地球を救うことはできません。しかし，もし生活のしかたを変えれば，私たちは地球を救うことができます。

1150語レベル　Level 16

□1151
poster
[póustər] **ポ**ウスタァ

图 **ポスター**

□1152
receive
[risí:v] リ**スィ**ーヴ

動 **受け取る**
▶ receive an e-mail（メールを受け取る）

関連 send（送る）

□1153
relax
[riléks] リ**ラ**ックス

動 **くつろがせる（リラックスさせる）**

＊feel relaxed で「くつろいだ気分になる」の意味。

□1154
sold
[sould] **ソ**ウゥド

動 **sell（売る）の過去形・過去分詞**

□1155
spent
[spent] ス**ペ**ント

動 **spend（過ごす, 使う）の過去形・過去分詞**

□1156
support
[səpɔ́:rt] サ**ポ**ート

動 **支える**
▶ We're supported by many people.

（私たちはたくさんの人々に支えられています。）

□1157
sweater
[swétər] ス**ウェ**タァ 発音注意

图 **セーター**

□1158
Thailand
[táilænd] **タ**イランド

图 **タイ（国名）**

university

[juːnəvə́ːrsəti] ユーニヴァ〜スィティ

名 **大学(特に,大学院を備えた総合大学)**

関連 college（〈一般的に〉大学）

age

[eidʒ] エイヂ

名 **年齢**

▶ at the age of 〜（〜歳のときに）

astronaut

[ǽstrənɔːt] アストロノート

名 **宇宙飛行士**

aunt

[ænt] アント

名 **おば**

関連 uncle（おじ）

Brazil

[brəzíl] ブラズィゥ

名 **ブラジル**

ear

[iər] イアァ **発音注意**

名 **耳**

easily

[íːzəli] イーズィリ

副 **簡単に**

関連 easy（簡単な）

1200 語レベル Level 17

🔄 **p.144の復習**

□ 文化の	cultural	□ ヨーロッパ	Europe	□ 友好的な	friendly
□ 金(きん)	gold	□ 想像する	imagine	□ know の過去分詞	known
□ 記憶	memory				

□ 1166	environmental [invaiərənméntl] インヴァイランメントォ	形 **環境の** ▶ environmental problems (環境問題) (関連) environment (環境)
□ 1167	especially [ispéʃəli] イスペシャリ	副 **特に**
□ 1168	France [fræns] フランス	名 **フランス** (関連) French (フランスの)
□ 1169	fresh [freʃ] フレッシュ	形 **新鮮な**
□ 1170	guest [gest] ゲスト 発音注意	名 **客(招待客)** (関連) host (〈客をもてなす〉主人)
□ 1171	gym [dʒim] ヂム	名 **体育館**
□ 1172	neighbor [néibər] ネイバァ 発音注意	名 **隣人, 近所の人**

↩ p.146の復習

□ ポスター	poster	□ 受け取る	receive	□ くつろがせる	relax
□ sell の過去形	sold	□ spend の過去形	spent	□ 支える	support
□ セーター	sweater	□ タイ(国名)	Thailand		

product [prάdəkt] プ**ラ**ダクト	名 **産物，製品** ▶ farm products（農産物） (関連) produce（生産〈産出〉する）
promise [prάmis] プ**ラ**ミス	名 動 **約束（する）** ＊**make a promise** で「約束する」の意味。
sightseeing [sáitsiːiŋ] **サ**イトスィーイング	名 **観光**
snowy [snóui] ス**ノ**ウイ	形 **雪の降る** (関連) rainy（雨の）
toy [tɔi] **ト**イ	名 **おもちゃ**
weak [wiːk] **ウィ**ーク	形 **弱い** ▶ a weak voice（弱々しい声） (関連) strong（強い）
clear [kliər] ク**リ**アァ	形 **晴れた，すき通った，はっきりした**

1600
1500
1400
1300
1200
1100
1000
900
800
700
600
500
400

1200語レベル Level 17

□ 1180	**comic** [kámik] **カミ**ック	名 **まんが**（comic book）
□ 1181	**dictionary** [díkʃəneri] **ディ**ックショ**ネ**リ	名 **辞書**
□ 1182	**lie** [lai] **ラ**イ 過 lied	名 動 **うそ（をつく）** ▶ Don't tell a lie.（うそをついてはいけません。）
□ 1183	**planet** [plǽnit] プ**ラ**ニット	名 **惑星**
□ 1184	**poem** [póuəm] **ポ**ウエム	名 **詩** 関連 poet（詩人）
□ 1185	**prize** [praiz] プ**ラ**イズ	名 **賞** ▶ win first prize（1等賞をとる）
□ 1186	**Singapore** [síŋɡəpɔːr] ス**ィ**ンガ**ポ**ーァ	名 **シンガポール**

得点アップ　lie には「横たわる」という意味もあります。この意味の場合，過去形は lay になります。He lay down on the bed.（彼はベッドに横になった。）

⤴ p.148の復習

□ 環境の	environmental	□ 特に	especially	□ フランス	France
□ 新鮮な	fresh	□ 客	guest	□ 体育館	gym
□ 隣人	neighbor				

		1600
		1500
		1400
		1300
		1200

slow

[slou] スロウ

形 **(速度が)遅い**

関連 slowly (ゆっくりと)

society

[səsáiəti] ソサイエティ

名 **社会**

1100
1000
900
800

treasure

[tréʒər] トレジャァ **発音注意**

名 **宝物**

▸ This photo is my treasure.

(この写真は私の宝物です。)

700
600
500
400

Asia

[éiʒə] エイジャ **発音注意**

名 **アジア**

関連 Asian (アジアの)

crowded

[kráudid] クラウデイド

形 **こみ合った**

▸ The bus was very crowded.

(バスはとてもこみ合っていました。)

dirty

[də́:rti] ダ～ティ

形 **汚い**

関連 clean(きれいな)

everybody

[évribɑdi] エヴリバディ

代 **だれでも (みんな) (everyone)**

＊単数として扱う。

1200語レベル Level 17

1194 **expression** [ikspréʃən] イクスプ**レ**ション	名 **表現** 関連 express（表現する）
1195 **hobby** [hábi] **ハ**ビ	名 **趣味**
1196 **lesson** [lésn] **レ**スン	名 **授業，けいこ（レッスン）**
1197 **musician** [mju:zíʃən] ミュー**ズ**ィシャン	名 **音楽家** 関連 music（音楽）
1198 **nervous** [nə́:rvəs] **ナ**〜ヴァス 比 more 〜 − most 〜	形 **不安になっている，緊張している** ▶ I was very nervous then. （私はそのときとても不安だった[緊張していた]。）
1199 **public** [pʌ́blik] **パ**ブリク	形 **公共の** ▶ a public library（公立図書館）
1200 **service** [sə́:rvis] **サ**〜ヴィス	名 **サービス**

↩ p.150の復習

□ まんが	**comic**	□ 辞書	**dictionary**	□ うそ	**lie**	
□ うそをつく	**(tell a) lie**	□ 惑星	**planet**	□ 詩	**poem**	
□ 賞	**prize**	□ シンガポール	**Singapore**			

Hi Amy,

How is university life in Singapore?
大学　　　　　　　　シンガポール

I talked with Aunt Sarah today.　She wants to go on
　　　　　　おば

a sightseeing trip around Asia with us during summer.
　観光　　　　　　　アジア

Are you free during summer vacation?

Everything is fine here in Thailand.　Oh, I found a
　　　　　　　　　　　タイ

new hobby!　Flute!　I didn't know, but our neighbor
趣味　　　　　　　　　　　　　　　　隣人

is a musician.　I've started taking lessons from her.　I
音楽家　　　　　　　　　　　レッスン

like the sound of the flute.　It really relaxes me.
　　　　　　　　　　　　　　　くつろがせる

Well, I hope you are doing well.　Write back!

Kim

こんにちは，エイミー，
　シンガポールでの大学生活はどう？
　今日サラおばさんと話したの。おばさんが，夏の間私たちといっしょにアジア観光旅行をしたがっているの。夏休み中はひま？
　ここタイではすべて順調よ。そうだ，新しい趣味を見つけたの！ フルートよ。知らなかったんだけど，隣の人が音楽家なの。彼女からレッスンを受け始めたの。フルートの音色が気に入っているよ。音を聞くと，とてもリラックスするの。
　それじゃ，元気でやっていることを祈ります。返事ちょうだいね！
　　　　　　　　　　　　　　　キム

↻ p.151の復習

□ （速度が）遅い	slow	□ 社会	society	□ 宝物	treasure
□ アジア	Asia	□ こみ合った	crowded	□ 汚い	dirty
□ だれでも	everybody				

153

1201 Spanish
[spǽniʃ] ス**パ**ニシュ

形 **スペインの** 名 **スペイン語[人]**

関連 Spain（スペイン）

1202 textbook
[tékstbuk] **テ**クストブク

名 **教科書**

1203 trash
[træʃ] ト**ラ**ッシュ

名 **ごみ**

▶ reduce trash（ごみを減らす）

1204 wild
[waild] **ワ**イゥド

形 **野生の**

▶ wild animals（野生動物）

1205 bow
[bau] **バ**ウ　発音注意

動 **おじぎをする** 名 **おじぎ**

▶ We usually bow when we meet.

（私たちは, 会ったときにたいていおじぎをします。）

1206 conversation
[kɑnvərséiʃən] カンヴァ**セ**イション

名 **会話**

▶ English conversation（英会話）

1207 education
[edʒukéiʃən] エヂュ**ケ**イション

名 **教育**

1208 encourage
[inkə́:ridʒ] イン**カ**〜リヂ　発音注意

動 **勇気づける**

▶ My parents encouraged me.

（両親が私を勇気づけてくれました。）

enter [éntər] **エンタァ**	動 **入る** ▶ enter high school（高校に入学する）
exam [igzǽm] **イグザム**	名 **試験**（examination）
officer [ɔ́:fisər] **オーフィサァ**	名 **係官，警察官**（police officer） ▶ Excuse me, officer.（すみません，おまわりさん。）
perfect [pə́:rfikt] **パ～フィクト**	形 **完全な**
rest [rest] **レ**スト	名 **休息** ＊take[have] a rest で「休息をとる」の意味。
threw [θru:] ス**ルー**	動 **throw**（投げる）の過去形
west [west] **ウェ**スト	名 **西** 関連 east（東）

1600
1500
1400
1300
1200
1100
1000
900
800
700
600
500
400

1250語レベル Level 18

↺ p.152の復習

□ 表現　expression
□ 音楽家　musician
□ サービス　service
□ 趣味　hobby
□ 不安になっている　nervous
□ 授業，けいこ　lesson
□ 公共の　public

1216	wood [wud] ウッド	图 **木材**
1217	action [ǽkʃən] アクション	图 **行動** ▶ take action（行動を起こす）
1218	chopsticks [tʃápstiks] チャプステイクス	图 **(食事用の)はし**
1219	drama [drɑ́:mə] ドラーマ	图 **演劇, ドラマ**
1220	everywhere [évrihweər] エヴリフウェアァ	副 **どこでも**
1221	forgot [fərgát] フォガット	動 **forget(忘れる)の過去形・過去分詞**
1222	hometown [houmtáun] ホウムタウン	图 **生まれ故郷(の町)**

inside [insáid] **インサイド**	前副 **(〜の)内側に** 関連 outside（外側に）
king [kiŋ] **キング**	名 **王** 関連 queen（女王）
match [mætʃ] **マッチ**	名 **試合** ▶ a tennis match （テニスの試合）
period [píəriəd] **ピリアド**	名 **期間，時代** ▶ the Edo period（江戸時代）
rainbow [réinbou] **レインボウ**	名 **虹**
several [sévrəl] **セヴラゥ**	形 **いくつかの** ▶ I've been there several times. （私は何回かそこに行ったことがあります。）
site [sait] **サイト**	名 **(建物などの)用地，** **(インターネットの)ウェブサイト(website)** ▶ a World Heritage site（世界遺産地域）

右端縦書き：1250語レベル　Level 18

↺ p.155の復習

□ 入る	enter	□ 試験	exam	□ 係官	officer
□ 警察官	police officer	□ 完全な	perfect	□ 休息	rest
□ 休息をとる	take[have] a rest	□ throw の過去形	threw	□ 西	west

□ 1230	**toward** [tɔːrd] **トード**	前 **〜の方へ** ▶ A man came toward me. （ひとりの男性が私の方へ来ました。）
□ 1231	**type** [taip] **タイプ**	名 **型（タイプ）** 動 **（パソコンに文字を）打ち込む**
□ 1232	**blind** [blaind] **ブラインド**	形 **目の見えない**
□ 1233	**coat** [kout] **コウト**	名 **コート，上着**
□ 1234	**cross** [krɔːs] **クロース**	動 **横切る** ▶ cross the street （通りを横切る）
□ 1235	**danger** [déindʒər] **デインヂァ** 発音注意	名 **危険** 関連 dangerous （危険な）
□ 1236	**disappear** [disəpíər] **ディサピアァ**	動 **見えなくなる** ▶ He suddenly disappeared. （彼は突然姿を消した。） 関連 appear （現れる）

↰ p.156の復習

□ 木材	wood	□ 行動	action	□ （食事用の）はし	chopsticks
□ 演劇	drama	□ どこでも	everywhere	□ forget の過去形	forgot
□ 生まれ故郷	hometown				

dress

[dres] ド**レ**ス

图 **服**

| | 1600 |
| 1500 |
| 1400 |
| 1300 |
| 1200 |

gas

[gæs] **ギャ**ス

图 **気体**, **ガソリン**(**gasoline**)

(gas station で) **ガソリンスタンド**

German

[dʒə́:rmən] **ヂャ**～マン

形 **ドイツの** 图 **ドイツ語[人]**

husband

[hʌ́zbənd] **ハ**ズバンド

图 **夫**

関連 wife（妻）

interview

[íntərvju:] **イ**ンタヴュー

图 **面接**, **インタビュー**

parking

[pá:rkiŋ] **パ**ーキング

图 **駐車**, (parking lot で) **駐車場**

reach

[ri:tʃ] **リ**ーチ

動 **着く**(**get to**), **達する**

▶ We finally reached the goal.

（私たちはついにゴールに着いた[目標に達した]。）

1250語レベル Level 18

🔄 p.157の復習

□ （〜の）内側に	inside	□ 王	king	□ 試合	match
□ 期間, 時代	period	□ 虹	rainbow	□ いくつかの	several
□ 用地	site				

1244	**rich** [ritʃ] **リ**ッチ	形 **金持ちの** 関連 poor（貧しい）
1245	**shake** [ʃeik] **シェイ**ク 過 shook — shaken	動 **振る**，（shake hands で）**握手する**
1246	**shrine** [ʃrain] シュ**ライン**	名 **神社**
1247	**wish** [wiʃ] **ウィ**ッシュ	動 **願う** 名 **願い** ＊make a wish で「願いごとをする」の意味。
1248	**blow** [blou] ブ**ロウ** 過 blew — blown	動 **（風が）吹く**
1249	**count** [kaunt] **カウン**ト	動 **（数を）数える**
1250	**fill** [fil] **フィ**ゥ	動 **満たす** ▶ fill a glass with water（コップを水で満たす）

得点アップ　手紙の最後，差出人のサインの前に Best wishes と書くことがあります。これは「ご多幸を祈って」という意味の結びの言葉です。

長文読解に挑戦 『面接試験の受け方の説明』
1250語レベルの英文

🎧144

First, enter the room and bow toward the
（入る）　　　　　　　　（おじぎをする）　（〜の方へ）
*interviewers. Then, walk toward the desk. They
　　　　　　　　　　　　　（〜の方へ）
will tell you to sit down. The interview exam will
　　　　　　　　　　　　　　　　（面接）　（試験）
begin with a conversation about your hometown.
　　　　　　　　（会話）　　　　　　　　（ふるさとの町）

Then, they will ask you several questions about
　　　　　　　　　　　　　　　（いくつかの）
other topics. A *common topic is the environment.
They may ask how we can reduce trash, or they may
　　　　　　　　　　　　　　（ごみ）
ask how we can protect wild animals in danger. The
　　　　　　　　　　　　　（野生の）　　　　（危険）
interview will be about ten minutes long.
（面接）

*interviewer：面接官　common：ありふれた

　まず，部屋に入って面接官に向かっ
ておじぎをします。それから机のほう
に歩いて行ってください。彼らはあな
たにすわるように言うでしょう。面接
試験は，あなたの故郷の町についての
会話で始まります。
　それから面接官は，ほかの話題につ
いてあなたにいくつか質問します。よ
くある話題は環境のことです。どうす
ればごみを減らせるのか聞かれるかも
しれないし，どうすれば危機にある野
生動物を守れるのか聞かれるかもしれ
ません。面接は約10分間です。

↻ p.159の復習

□ 服	dress	□ 気体	gas	□ ガソリンスタンド	gas station
□ ドイツの	German	□ 夫	husband	□ 面接	interview
□ 駐車	parking	□ 着く	reach		

161

□1251 **friendship**
[fréndʃip] フ**レ**ンドシプ

名 **友情**

□1252 **grade**
[greid] グ**レ**イド

名 **学年, 等級**
▶ the sixth grade （第6学年）

□1253 **repair**
[ripéər] リ**ペ**アァ

動 **修理する**

□1254 **sincerely**
[sinsíərli] スィン**スィ**アリ

副 **心から**
（Sincerely / Sincerely yours で）**敬具（手紙の最後に書く言葉）**

□1255 **skate**
[skeit] ス**ケ**イト

動 **スケートをする**

関連 skating（スケート）

□1256 **someday**
[sʌ́mdei] **サ**ムデイ

副 **（未来の）いつか（some day）**
▶ I want to go abroad someday.
（私はいつか外国に行きたい。）

□1257 **storm**
[stɔːrm] ス**トー**ム

名 **あらし**

□1258 **wake**
[weik] **ウェ**イク

動 （wake up で）**目を覚ます**

century	名 **世紀**	1600
[séntʃəri] **セン**チュリ	▶ the twenty-first century（21世紀）	1500
		1400
		1300
		1200
cloud	名 **雲**	1100
[klaud] ク**ラウ**ド		1000
		900
	関連 cloudy（くもりの）	800
convenient	形 **便利な**	700
		600
[kənví:njənt] カン**ヴィ**ーニェント		500
	関連 convenience store（コンビニエンスストア）	400
custom	名 **(社会の)慣習**	
[kʌ́stəm] **カ**スタム		
government	名 **政府**	
[gʌ́vərnmənt] **ガ**ヴァメント		
insect	名 **こん虫**	
[ínsekt] **イン**セクト		
list	名 **リスト**	
[list] **リ**スト		

1300語レベル

Level 19

1266 **lonely** [lóunli] ロウンリ	形 **さびしい** ▶ feel lonely（さびしく感じる）
1267 **passport** [pǽspɔːrt] パスポート	名 **パスポート**
1268 **round** [raund] ラウンド	形 **丸い**，（all year round で）**1 年中**
1269 **sentence** [séntəns] センテンス	名 **文**
1270 **step** [step] ステップ	名 **歩み**，（the first step で）**第 1 歩**
1271 **yard** [jɑːrd] ヤード	名 **（建物のまわりの）庭** 関連 garden（庭園）
1272 **actually** [ǽktʃuəli] アクチュアリ	副 **（ところが）実は** ▶ Actually, I've never seen kabuki. （実は歌舞伎を見たことがありません。）

⮌ p.162の復習

□ 友情	friendship	□ 学年	grade	□ 修理する	repair
□ 心から	sincerely	□ スケートをする	skate	□ （未来の）いつか	someday
□ あらし	storm	□ 目を覚ます	wake up		

		1600
		1500

adult

[ədʌ́lt] アダゥット

名 **大人**

関連 child（子ども）

brown

[braun] ブラウン

名形 **茶色（の）**

cheap

[tʃiːp] チープ

形 **安い**

関連 expensive（高価な）

dry

[drai] ドライ

形 **乾いた**　動 **乾かす**

elderly

[éldərli] エゥダリ

形 **年配の**

▶ elderly people（お年寄り）

engineer

[endʒiníər] エンヂニアァ

名 **技師**

gate

[geit] ゲイト

名 **門**

1300 語レベル　Level 19

□ 1280
Germany
[dʒə́ːrməni] **ヂャ〜マニ**

名 **ドイツ**

関連 German（ドイツの）

□ 1281
gesture
[dʒéstʃər] **ヂェ**スチャァ

名 **身ぶり（ジェスチャー）**

□ 1282
habit
[hǽbit] **ハビ**ト

名 **（個人の）習慣**
▶ a bad habit（悪いくせ）
▶ eating habits（食習慣）

□ 1283
invent
[invént] **インヴェン**ト

動 **発明する**

□ 1284
key
[kiː] **キー**

名 **かぎ**

□ 1285
manner
[mǽnər] **マナ**ァ

名 （manners で）**行儀（マナー）**

□ 1286
meant
[ment] **メン**ト 発音注意

動 **mean（意味する）の過去形・過去分詞**

↻ p.164の復習

□ さびしい	lonely	□ パスポート	passport	□ 丸い	round
□ 1年中	all year round	□ 文	sentence	□ 歩み	step
□ 庭	yard	□ 実は	actually		

1600
1500
1400
1300
1200
1100
1000
900
800
700
600
500
400

performance

[pərfɔ́ːrməns] パフォーマンス

名 **演技, 演奏**

関連 perform（演じる）

probably

[prάbəbli] プ**ラ**バブリ

副 **たぶん**

safety

[séifti] **セ**イフティ

名 **安全**

関連 safe（安全な）

sense

[sens] **セ**ンス

名 **感覚（センス）**

▶ a sense of humor（ユーモアのセンス）

skill

[skil] ス**キ**ゥ

名 **技能**

somewhere

[sʌ́mhweər] **サ**ムゥウェアァ

副 **どこかに**

above

[əbʌ́v] ア**バ**ゥ 発音注意

前 **〜の上に（離れて上方に）**

▶ fly above the clouds（雲の上を飛ぶ）

1300語レベル Level 19

得点アップ　probably（たぶん）は，maybe（もしかすると）よりも高い可能性を表す言葉です。
He is probably right.（たぶん彼は正しい。〈可能性が高い〉）
Maybe he is right.（もしかすると彼は正しいかもしれない。〈可能性が低い〉）

☐ 1294 **actor** [ǽktər] **ア**クタァ	名 **俳優**
☐ 1295 **Asian** [éiʒən] **エ**イジャン　発音注意	形 **アジアの** ▶ Asian countries（アジアの国々）
☐ 1296 **discussion** [diskʌ́ʃən] ディス**カ**ション	名 **議論** 関連 discuss（議論する）
☐ 1297 **earthquake** [ɔ́:rθkweik] **ア**～スクウェイク	名 **地震**
☐ 1298 **factory** [fǽktəri] **ファ**クトゥリ	名 **工場**
☐ 1299 **fever** [fí:vər] **フィ**ーヴァァ	名 **（病気の）熱** ▶ I have a fever.（私は熱があります。）
☐ 1300 **noise** [nɔiz] **ノ**イズ	名 **物音（騒音）** ＊ make a noise で「物音をたてる」の意味。

↺ p.166の復習

☐ ドイツ	**Germany**	☐ 身ぶり	**gesture**	☐ （個人の）習慣	**habit**
☐ 発明する	**invent**	☐ かぎ	**key**	☐ 行儀	**manners**
☐ mean の過去形	**meant**				

1600
1500
1400
1300
1200
1100
1000
900
800
700
600
500
400

Japan was different from Germany in many ways.
ドイツ

They had different habits and customs.　Their idea of
習慣　　　　　　　慣習

good manners was sometimes different from ours.
行儀

They used different gestures, and they had a different
身ぶり

sense of *humor.　I often didn't understand what they
感覚

meant, and I felt lonely at first.　But I soon realized
mean（意味する）の過去形　　　孤独な

that these differences actually made my trip more
実際は

interesting.　For me, this was an important step
歩み

toward understanding foreign cultures better.

＊humor：ユーモア

日本はいろいろな点でドイツと違っていました。彼らは違った習慣や慣習をもっていました。マナーに関する彼らの考え方が，私たちのものと違うこともありました。彼らは違ったジェスチャーを使い，違ったユーモアの感覚をもっていました。彼らの言うことが何を意味しているのか理解できないことがよくあって，最初はさびしく感じていました。でもすぐに，実際はこれらの違いが私の旅をよりおもしろくしていると気づいたのです。私にとってこれは，外国の文化をもっとよく理解するための大切な一歩でした。

↻ p.167の復習

□ 演技	performance	□ たぶん	probably	□ 安全	safety
□ 感覚	sense	□ 技能	skill	□ どこかに	somewhere
□ ～の上方に	above				

1301 possible
[pásəbl] **パス**ィボゥ

形 **可能な**

関連 impossible（不可能な）

1302 theater
[θíətər] **スィアタ**ァ

名 **劇場**, （movie theater で）**映画館**

1303 Britain
[brítn] ブ**リ**トン

名 **イギリス**

関連 British（イギリスの）

1304 cheer
[tʃíər] **チア**ァ

動 **元気づける（cheer up）**

▶ cheer her up（彼女を元気づける）

関連 cheerful（元気な）

1305 clock
[klɑk] ク**ラ**ック

名 **(置き)時計**

関連 watch（うで時計）

1306 couple
[kʌpl] **カ**ポゥ

名 **夫婦（カップル）**

（a couple of 〜 で）**2，3の〜**

1307 grandparents
[grǽndpeərənts] グ**ランペア**レンツ

名 **祖父母**

関連 parents（両親）

1308 Italy
[ítəli] **イ**タリ

名 **イタリア**

関連 Italian（イタリアの）

price

[prais] プライス

名 **値段**

---

scared

[skeərd] スケアド

形 **こわがった,** (be scared で) **こわがっている**

▶ I'm scared, Dad.（こわいよ，パパ。）

---

thirsty

[θə́ːrsti] サ〜ㇲティ

形 **のどのかわいた**

▶ I'm thirsty.（私はのどがかわいています。）

関連 hungry（空腹な）

---

tour

[tuər] トゥアァ

名 **旅行**

---

although

[ɔːlðóu] オーㇽゾウ

接 **〜だけれども（though）**

▶ Although it was snowing, he walked home.

（雪が降っていたけれども，彼は歩いて家に帰った。）

---

anyway

[éniwei] エニウェイ

副 **とにかく，いずれにせよ**

▶ Anyway, I'm happy now.（いずれにせよ今は幸せです。）

---

appear

[əpíər] アピアァ

動 **現れる**

関連 disappear（見えなくなる）

---

behind
□1316

[bihśind] ビハインド

前 **〜の後ろに**

関連 in front of 〜（〜の前に）

brush
□1317

[brʌʃ] ブラシュ

名 **ブラシ, 筆**

動 （brush my teeth で）**歯をみがく**

▶ write *kanji* with a brush（筆で漢字を書く）

circle
□1318

[sə́:rkl] **サ〜コゥ**

名 **輪**

cost
□1319

[kɔːst] **コースト**

動 **（費用が）かかる** 名 **費用**

▶ This service costs 1,000 yen.

（このサービスには1,000円かかります。）

過 cost

cousin
□1320

[kʌ́zn] **カズン** 発音注意

名 **いとこ**

fail
□1321

[feil] **フェイゥ**

動 **失敗する**

関連 succeed（成功する）

god
□1322

[gɑd] **ガッド**

名 **神**

---

fight [fait] **ファイ**ト 過 fought	動 **戦う**　名 **戦い** ＊fight against ～ で「～と戦う」の意味。 ▶ fight against environmental pollution（環境汚染と戦う）
forever [fərévər] フォ**レ**ヴァァ	副 **永遠に** ▶ Our friendship will last forever. （私たちの友情は永遠に続くでしょう。）
French [frentʃ] フ**レ**ンチ	形 **フランスの**　名 **フランス語[人]**
gift [gift] **ギ**フト	名 **贈り物**
however [hauévər] ハウ**エ**ヴァァ	副 **しかしながら** ▶ However, he lost the game. （しかしながら，彼はその試合に負けた。）
lay [lei] **レ**イ 過 laid	動 **横たえる（置く），（卵を）産む** ▶ lay eggs（卵を産む）
lend [lend] **レ**ンド 過 lent	動 **貸す** ▶ Can you lend me some money?（お金を貸してくれない？） （関連）borrow（借りる）

1600
1500
1400
1300
1200
1100
1000
900
800
700
600
500
400

1350語レベル　Level 20

🔄 **p.171の復習**

□ 値段	price	□ こわがった	scared	□ のどのかわいた	thirsty
□ 旅行	tour	□ ～だけれども	although	□ とにかく	anyway
□ 現れる	appear				

173

☐ 1330
less
[les] レス

形 **より少ない**，(less than ～ で)**～未満の**

▶ in less than an hour（1時間かからずに）

☐ 1331
north
[nɔːrθ] ノース

名 **北**

関連 south（南）

☐ 1332
ocean
[óuʃən] オウシャン

名 **海（大洋）**

▶ the Pacific Ocean（太平洋）

☐ 1333
shape
[ʃeip] シェイプ

名 **形**

☐ 1334
sleepy
[slíːpi] スリーピ

形 **眠い**

関連 sleep（眠る）

☐ 1335
stranger
[stréindʒər] ストレインヂャァ

名 **見知らぬ人，(その土地に)不案内な人**

▶ A stranger spoke to me.（見知らぬ人が話しかけてきた。）

▶ I'm a stranger here.（〈道を聞かれて〉この辺は不案内なのです。）

☐ 1336
whole
[houl] ホウゥ

名 形 **全体（の）**

▶ the whole world（全世界）

↻ p.172の復習

☐ ～の後ろに	behind	☐ ブラシ	brush	☐ 輪	circle
☐ (費用が)かかる	cost	☐ いとこ	cousin	☐ 失敗する	fail
☐ 神	god				

wonder

[wʌ́ndər] ワンダァ

動 不思議に思う

▶ "But why?" I wondered.

（「でもどうして？」と私は不思議に思った。）

ahead

[əhéd] アヘッド

副 前方に，（Go ahead. で）**どうぞ。**

▶ Go straight ahead. （まっすぐ前に行ってください。）

▶ Sure. Go ahead. （〈許可を求められて〉もちろん。どうぞ。）

allow

[əláu] アラウ　発音注意

動 許可する

▶ He didn't allow me to go there.

（彼は私がそこに行くのを許してくれなかった。）

bread

[bred] ブレッド

名 パン

cent

[sent] セント

名 セント（お金の単位。1ドルの100分の1）

cow

[kau] カウ　発音注意

名 牛

crane

[krein] クレイン

名 ツル，（paper crane で）**折り鶴**

1350語レベル　Level 20

□ 1344
influence
[ínfluəns] **イ**ン_フル**エ**ンス 発音注意

图 **影響**

□ 1345
lady
[léidi] **レ**イディ

图 **女の人（woman のていねいな言い方）**

□ 1346
leader
[líːdər] **リ**ーダァ

图 **指導者（リーダー）**

□ 1347
necessary
[nésəseri] **ネ**セセリ

形 **必要な**

▶ Breakfast is necessary for good health.

（朝食は健康のために必要です。）

□ 1348
result
[rizʌ́lt] **リ**ザゥト

图 **結果**

□ 1349
rise
[raiz] **ラ**イズ

動 **のぼる**

▶ The sun rises in the east.

（太陽は東からのぼります。）

過 rose － risen

□ 1350
shy
[ʃai] **シャ**イ

形 **はずかしがりの**

▶ Don't be shy. （はずかしがらないで。）

🎧 160

I went to the theater and saw a play called " The Gift."
　　　　　　　　劇場　　　　　　　　　　　　　　　　　　　贈り物
It was a wonderful story about a young boy and his
grandparents.　　I will explain the story.
祖父母

　The boy's grandparents are fighting against a
　　　　　　祖父母　　　　　　戦う
*disease, and he is very scared.　　However, he never
　　　　　　　　　　　　　こわがった　　　しかしながら
shows this.　　He always smiles and tells funny stories
to try to cheer them up.　　Slowly, the grandparents
　　　　　元気づける　　　　　　　　　　　　　　祖父母
become healthy.　　In the end, the grandparents say,
　　　　　　　　　　　　　　　　　　　祖父母
"Although we were sick, thanks to you, we are healthy
〜だけれども
again.　　Thank you for the gift of life."
　　　　　　　　　　　　　　贈り物

*disease：病気

劇場へ行って，「贈り物」という劇
を見ました。幼い男の子と，彼の祖
父母についてのすばらしい話でした。
そのストーリーを説明します。
　男の子の祖父母は病気と戦ってい
て，彼はとてもこわがっています。
しかし，彼は決してそれを見せませ
ん。彼は祖父母を元気づけようとし
て，いつもにこにこして，おもしろ
い話をするのです。ゆっくりと，祖
父母は健康になっていきます。最後
に祖父母が言います。「私たちは病気
だったけれども，おまえのおかげで，
また健康になった。命の贈り物をあ
りがとうね」と。

1351 AI
[éiái] エイアイ

名 **人工知能**

＊artificial（人工的な）intelligence（知能）の略。

1352 amazing
[əméiziŋ] アメイズィング
比 more ～ － most ～

形 **驚くべき**

関連 amaze（ひどく驚かす）

1353 check
[tʃek] チェック

動 **確認する**

1354 customer
[kʌ́stəmər] カスタマァ

名 **（店などの）客**

関連 guest（客〈招待客〉）

1355 design
[dizáin] ディザイン

動 **設計する**

▸ design a house（家を設計する）

1356 improve
[imprúːv] インプルーヴ

動 **よりよくする**

▸ improve my English（私の英語を上達させる）

関連 improvement（改善）

1357 smartphone
[smáːrtfoun] スマートフォウン

名 **スマートフォン**

▸ use a smartphone（スマートフォンを使う）

関連 cellphone（携帯電話）

1358 solve
[sɑlv] サゥヴ

動 **解く**

▸ solve a problem（問題を解く）

関連 solution（解決策）

technology

[teknáːlədʒi] テクナラヂ

图 **科学技術**

visitor

[vízitər] **ヴィ**ズィタァ

图 **訪問者**

▶ visitors to Japan（日本への訪問者）

(関連) visit（訪問する）

amount

[əmáunt] ア**マ**ウント

图 **量**

▶ reduce the amount of trash

（ごみの量を減らす）

anywhere

[énihwèər] エニ*フ*ウェアァ

副 **どこでも**

▶ You can go anywhere.

（あなたはどこにでも行くことができます。）

bicycle

[báisikl] **バ**イスィコゥ

图 **自転車**

(関連) bike（自転車）

daily

[déili] **デ**イリ

形 **毎日の**

▶ daily exercise（毎日の運動）

(関連) everyday（毎日の）

foreigner

[fɔ́ːrinər] **フォ**ーリナァ 発音注意

图 **外国人**

＊「よそ者」という意味合いがあるので注意。

(関連) foreign（外国の）

1600
1500
1400
1300
1200
1100
1000
900
800
700
600
500
400

1400語レベル Level 21

(得点アップ) anywhere は疑問文では「どこかに」，否定文では「どこにも」の意味になります。Did you go anywhere?（あなたはどこかに行きましたか。）I couldn't find him anywhere.（私は彼をどこにも見つけられませんでした。）

↻ p.176の復習

□ 影響	influence	□ 女の人	lady	□ 指導者	leader
□ 必要な	necessary	□ 結果	result	□ のぼる	rise
□ はずかしがりの	shy				

🔊 163

□ 1366 **helpful** [hélpfəl] ヘゥプフォ 比 more ~ － most ~	形 **役に立つ** ▶ a helpful website（役に立つウェブサイト） 関連 help（手伝う，助ける）
□ 1367 **increase** [inkrí:s] インクリース	動 **増える** ▶ The population is increasing.（人口は増えています。） 関連 decrease（減る）
□ 1368 **kid** [kid] キド	名 **子ども** ＊childのくだけた言い方。 動 **からかう** ▶ Are you kidding?（からかっているのですか。）
□ 1369 **main** [mein] メイン	形 **おもな** ▶ the main character in the story （その物語のおもな登場人物［主人公］）
□ 1370 **online** [á:nlain] アーンライン	副 **オンラインで** ▶ buy tickets online （オンラインで［ネットで］チケットを買う）
□ 1371 **research** [rí:sə:rtʃ] リーサ～チ	名 **研究** 関連 researcher（研究者）
□ 1372 **solution** [səlú:ʃən] ソルーション	名 **解決策** ▶ find a solution（解決策を見つける） 関連 solve（解く）

得点アップ online は，形容詞として「オンラインの」「インターネットの」という意味を表すこともあります。I took an online class.（私はオンライン授業を受けました。）

↻ p.178の復習

□ 人工知能	AI	□ 驚くべき	amazing	□ 確認する	check
□ （店などの）客	customer	□ 設計する	design	□ よりよくする	improve
□ スマートフォン	smartphone	□ 解く	solve		

180

though
[ðou] ゾウ **発音注意**

图 **〜だけれども (although)**

▶ Though he was rich, he wasn't happy.

（彼は金持ちだったけれども，幸せではなかった。）

attention
[əténʃən] アテンション

名 **注意**

▶ pay attention（注意を払う）

brain
[brein] ブレイン

名 **脳**

direction
[dirékʃən] ディレクション

名 **方向，指示**

▶ follow the directions（指示に従う）

lead
[liːd] リード
過 led

動 **導く**

(lead to 〜 で)〜につながる

▶ lead to happiness（幸福につながる）

past
[pæst] パスト

名 **過去**

▶ in the past（過去に，かつては）

（関連）future（未来）

percent
[pərsént] パセント

名 **パーセント**

1400語レベル　Level 21

（得点アップ）even though 〜 で「〜ではあるが」「たとえ〜だとしても」という意味を表します。
He didn't eat anything, even though he was hungry.（彼は空腹でしたが何も食べませんでした。）

🔄 p.179の復習

□ 科学技術	technology	□ 訪問者	visitor	□ 量	amount
□ どこでも	anywhere	□ 自転車	bicycle	□ 毎日の	daily
□ 外国人	foreigner				

181

□ 1380	**search** [sə́ːrtʃ] **サ〜チ**	動 **検索する** ▶ search the internet（インターネットを検索する）
□ 1381	**situation** [sìtʃuéiʃən] スィチュ**エ**イション	名 **状況** ▶ improve the situation（状況を改善する）
□ 1382	**user** [júːzər] **ユー**ザァ	名 **使用者** 関連 use（使う）
□ 1383	**business** [bíznis] **ビ**ズニス	名 **仕事** ＊on businessで「仕事で」の意味。 ▶ go to China on business（仕事で中国に行く）
□ 1384	**develop** [divéləp] ディ**ヴェ**ラプ	動 **発展する** ▶ developing countries（発展途上国） 関連 development（発展）
□ 1385	**invention** [invénʃən] イン**ヴェ**ンション	名 **発明** 関連 invent（発明する）
□ 1386	**meal** [miːl] **ミー**ゥ	名 **食事** ▶ have three meals a day （1 日に 3 食食べる）

得点アップ developing countries は「発展している国」なので「発展途上国」という意味になります。これに対してdeveloped countries は「発展した国」なので「先進国」という意味を表します。

🔄 p.180の復習

□ 役に立つ	helpful	□ 増える	increase	□ 子ども（くだけた言い方）	kid
□ からかっているのですか。	Are you kidding?	□ おもな	main
□ オンラインで	online	□ 研究	research	□ 解決策	solution

# recipe [résəpi] **レ**スィピ　発音注意	名 **調理法**
# seem [si:m] **スィーム**	動 **〜のように思われる** ▶ It seemed impossible.（それは不可能そうでした。） 関連 look（〜に見える）
# set [set] **セ**ト 過 set	動 **置く，設定する，（太陽が）沈む** ▶ set a goal（目標を設定する）
# translate [trænsleit] ト**ラ**ンスレイト	動 **翻訳する** ＊translate A into Bで「AをBに翻訳する」の意味。 関連 translation（翻訳）
# character [kærəktər] **キャ**ラクタァ	名 **性格，登場人物**
# control [kəntróul] コント**ロウ**ゥ	動 **コントロールする**
# disaster [dizǽstər] ディ**ザ**スタァ	名 **大災害**

1600 1500 1400 1300 1200 1100 1000 900 800 700 600 500 400

1400語レベル　Level 21

得点アップ　seem to 〜 または It seems (that) 〜. で「〜するように思われる」という意味になります。Jim seems to love her. = It seems that Jim loves her.（ジムは彼女のことが大好きなようです。）

🔄 p.181の復習

□ 〜だけれども	though	□ 注意	attention	□ 脳	brain
□ 方向	direction	□ 導く	lead	□ 過去	past
□ パーセント	percent				

183

□ 1394 **expert** [ékspə:rt] **エ**クスパ〜ト	名 **専門家**
□ 1395 **presentation** [prezəntéiʃən] プレゼン**テイ**ション	名 **発表** ▶ make a presentation（発表[プレゼン]する）
□ 1396 **record** [rékərd] **レ**カド	名 **記録** ▶ make a new record（新記録を作る）
□ 1397 **similar** [símələr] **スィ**ミラァ	形 **同じような** ▶ I have a similar experience. （私も同じような経験があります。）
□ 1398 **twice** [twais] ト**ワイ**ス	副 **2回** ▶ twice a week（1週間に2回） 関連 once（1回）
□ 1399 **usual** [júːʒuəl] **ユー**ジュアゥ	形 **いつもの** * as usual で「いつものように」の意味。 関連 usually（ふつうは，たいてい）
□ 1400 **various** [véəriəs] **ヴェ**ァリアス	形 **さまざまな** ▶ various kinds of music （さまざまな種類の音楽）

得点アップ similar to ～ で「～と同じような」という意味になります。My idea is a little similar to yours.（私の考えはあなたのと少し似ています。）

🔄 p.182の復習

□ 検索する	search	□ 状況	situation	□ 使用者	user
□ 仕事	business	□ 発展する	develop	□ 発明	invention
□ 食事	meal				

長文読解に挑戦 『驚くべき発明』

1400 語レベルの英文

🎧 168

1600
1500
1400
1300
1200
1100
1000
900
800
700
600
500
400

In the past, when people had a difficult problem,
過去
they often had to go to the library or ask an expert to
専門家
find the solution. Then, the internet was invented.
解決策
People could now use computers to go online to search
オンラインで   検索する
for the solution at home. Soon there was an even more
解決策
amazing invention: the smartphone. Smartphone
驚くべき   発明   スマートフォン   スマートフォン
users can find directions while they travel, they can
使用者   方向
see millions of recipes at the supermarket, and they
調理法
can translate foreign languages if they meet a
翻訳する
foreigner. Technology now allows us to ask an expert
外国人   科学技術   専門家
anywhere.
どこでも

かつては，人々が難しい問題を抱えたときには，解決策を見つけるためによく図書館に行ったり，専門家にたずねたりしなければなりませんでした。その後，インターネットが発明されました。人々は今やコンピューターを使って，自宅でオンラインで解決策を検索できるようになりました。まもなくさらに驚くべき発明がありました：スマートフォンです。スマートフォンの使用者は旅行中に道順を見つけたり，スーパーマーケットで何百万もの調理法を見たり，もし外国人に会ったら外国語を翻訳したりすることができます。科学技術は今や，私たちがどこにいても，専門家にたずねることを可能にしたのです。

☐ 調理法	recipe	☐ ～のように思われる	seem	☐ 置く	set
☐ 翻訳する	translate	☐ 性格	character	☐ コントロールする	control
☐ 大災害	disaster				

1401 case
[keis] ケイス

图 場合
▶ in that case（その場合には）

1402 create
[kriéit] クリエイト

動 創造する

関連 creative（創造力のある）

1403 level
[lévəl] レヴェゥ

图 レベル

1404 marry
[mǽri] マリ

動 結婚する
＊get married で「結婚する」の意味。
関連 marriage（結婚）

1405 system
[sístəm] スィステム

图 しくみ

1406 teammate
[tíːmmeit] ティームメイト

图 チームメイト

関連 classmate（クラスメイト）

1407 common
[kάmən] カモン

形 共通の，ありふれた
▶ a common language（共通語）
▶ a common mistake（よくある間違い）

1408 challenge
[tʃǽlindʒ] チャリンヂ

图 挑戦

farming
[fɑ́:rmiŋ] **ファーミング**

图**農業**

関連 farm（農場）

middle
[mídl] **ミドゥ**

图**真ん中**

＊in the middle of ～で「～の真ん中」の意味。

▶ in the middle of May（5月の中ごろに）

serious
[síəriəs] **スィアリアス**

比 more ～ － most ～

形**深刻な**

▶ a serious situation（深刻な状況）

tooth
[tu:θ] **トゥース**

複 teeth

图**歯**

▶ brush my teeth（歯をみがく）

関連 toothache（歯痛）

wave
[weiv] **ウェイヴ**

图**波** 動**手を振る**

▶ She waved to me.

（彼女は私に手を振ってくれました。）

artist
[ɑ́:rtist] **アーティスト**

图**芸術家**

関連 art（芸術）

effort
[éfərt] **エファト**

图**努力**

▶ make an effort（努力する）

1450語レベル Level 22

⤺ p.184の復習

□ 専門家	expert	□ 発表	presentation	□ 記録	record
□ 同じような	similar	□ 2回	twice	□ いつもの	usual
□ さまざまな	various				

□ 1416
global
[glóubəl] グロウバゥ

形 **地球規模の**

▶ global warming（地球温暖化）

□ 1417
loss
[lɔːs] ロース

名 **失うこと**

▶ food loss（食品ロス〈食べられる食品が廃棄されること〉）

関連 lose（失う）

□ 1418
moment
[móumənt] モウメント

名 **ちょっとの間**

▶ I stopped for a moment.

（私はちょっとの間立ち止まりました。）

□ 1419
runner
[rʌ́nər] ラナァ

名 **走る人**

▶ the fastest runner（いちばん速く走る人）

関連 run（走る）

□ 1420
spread
[spréd] スプレッド **発音注意**

過 spread

動 **広げる, 広める**

▶ spread information（情報を広める）

□ 1421
tool
[tuːl] トゥーゥ

名 **道具**

□ 1422
attractive
[ətrǽktiv] アトラクティヴ

比 more 〜 − most 〜

形 **魅力的な**

関連 attract（引きつける）

得点アップ　Just a moment.またはWait a moment.で「ちょっと待って。」という意味になります。

climate
[kláimət] ク**ライ**ミト　**発音注意**

图 **気候**
▶ climate change（気候変動）
（関連）weather（天気）

comfortable
[kʌ́mfərtəbl] **カ**ンフォタボゥ
比 more 〜 — most 〜

形 **快適な**

damage
[dǽmidʒ] **ダ**ミヂ　**発音注意**

图 **損害**

professional
[prəféʃənəl] プラ**フェ**ショナゥ

形 **プロの**

role
[roul] **ロ**ウゥ

图 **役割**
▶ play an important role
（重要な役割を演じる）

social
[sóuʃəl] **ソ**ウシャゥ

形 **社会の**
▶ social studies（社会科）
（関連）society（社会）

sustainable
[səstéinəbl] サス**テイ**ナボゥ

形 **持続可能な**
▶ Sustainable Development Goals
（SDGs, 持続可能な開発目標）

↻ p.187の復習

□ 農業	farming	□ 真ん中	middle	□ 深刻な	serious
□ 歯	tooth	□ 歯（複数形）	teeth	□ 波	wave
□ 芸術家	artist	□ 努力	effort		

173

1430 **tournament**

[túərnəmənt] トゥアナメント

名 **勝ち抜き戦**

1431 **cafe**

[kæféi] キャフェイ 発音注意

名 **喫茶店**

関連 cafeteria（〈学校などの〉食堂）

1432 **connect**

[kənékt] コネクト

動 **つなぐ**

関連 connection（つながり）

1433 **destroy**

[distrɔ́i] ディストロイ

動 **破壊する**

1434 **disease**

[dizí:z] ディズィーズ

名 **病気**

▸ a serious disease（深刻な病気）

1435 **everyday**

[évridei] エヴリデイ

形 **毎日の**

▸ everyday life（毎日の生活）

1436 **exercise**

[éksərsaiz] エクササイズ

動 **運動する**

得点アップ 1語のeverydayは形容詞です。everyday life（毎日の生活）のように名詞の前で使います。2語のevery dayは副詞の働きで，文末などで使います。I walk to school every day.（私は毎日歩いて学校へ行きます。）

p.188の復習

□ 地球規模の	global	□ 失うこと	loss	□ ちょっとの間	moment
□ 走る人	runner	□ 広げる	spread	□ 道具	tool
□ 魅力的な	attractive				

final [fáinl] ファイヌゥ	形 **最後の** 関連 finally（ついに）	1600 1500 1400 1300 1200
instead [instéd] イン ステド 発音注意	副 **代わりに** ＊instead of ～で「～の代わりに」の意味。 ▶ go to the meeting instead of him（彼の代わりに会議に行く）	1100 1000 900 800
patient [péiʃənt] ペイシェント 発音注意	名 **患者** 形 **がまん強い** ▶ help patients（患者を助ける） ▶ You must be patient.（がまん強くなければなりません。）	700 600 500 400
production [prədʌ́kʃən] プロ**ダ**ッション	名 **生産** 関連 produce（生産する）	
staff [stæf] ス**タ**ッフ	名 **職員**	
act [ækt] **ア**クト	動 **行動する** ▶ act like an adult（大人のように行動する） 関連 action（行動）	
eco-friendly [íːkou fréndli] イーコウッ**レ**ンドリ	形 **環境にやさしい** ▶ eco-friendly cars（環境にやさしい車）	

1450語レベル Level 22

得点アップ　staffは職員全体をさす名詞（集合名詞）なので，ふつう単数形で使い，複数形にしません。1人の職員のことはa staff member（職員のメンバー）のように言います。

↻ p.189の復習

□ 気候	climate	□ 快適な	comfortable	□ 損害	damage
□ プロの	professional	□ 役割	role	□ 社会の	social
□ 持続可能な	sustainable				

1444 **experiment** [ikspérəmənt] イ*ク*スペリメン*ト*	名 **実験**
1445 **greenhouse** [grí:nhaus] グ**リーン**ハウ*ス*	名 **温室** ▶ greenhouse gases（温室効果ガス）
1446 **huge** [hju:dʒ] **ヒュー**ヂ	形 **巨大な** ▶ a huge building（巨大な建物）
1447 **oil** [ɔil] **オイ**ゥ	名 **油**
1448 **resource** [rí:sɔːrs] **リー**ソース	名 （resourcesで）**資源** ▶ natural resources（天然資源）
1449 **shock** [ʃɑk] **シャ**ッ*ク*	動 **ショックを与える** ▶ I was shocked.（私はショックを受けました。）
1450 **speed** [spi:d] *ス***ピー**ド	名 **速度**

↩ p.190の復習

□ 勝ち抜き戦	**tournament**	□ 喫茶店	**cafe**	□ つなぐ	**connect**
□ 破壊する	**destroy**	□ 病気	**disease**	□ 毎日の	**everyday**
□ 運動する	**exercise**				

1600
1500
1400
1300
1200
1100
1000
900
800
700
600
500
400

長文読解に挑戦 『未来を守るために』

1450 語レベルの英文

🎧176

Today, an especially important global challenge is saving the natural environment. Huge areas of forest are destroyed for farming, and greenhouse gases from energy production have raised global temperatures. Now, we must create sustainable systems so humans can have comfortable lives without causing damage to the earth. For example, we should use eco-friendly energy resources like wind, water and the sun. Actually, all of us can play an *active role by using less plastic and energy in our everyday lives. If we make the effort now, we can still protect our future.

global 地球規模の / challenge 挑戦 / Huge 巨大な / destroyed 破壊する / farming 農業 / greenhouse 温室 / production 生産 / global 地球規模の / create 創造する / sustainable 持続可能な / systems しくみ / comfortable 快適な / damage 損害 / eco-friendly 環境にやさしい / resources 資源 / role 役割 / everyday 毎日の / effort 努力

*active：積極的な

今日，特に重要な地球規模の挑戦は，自然環境を救うことです。広大な面積の森林が農業のために破壊され，エネルギー生産で生じた温室効果ガスが地球の気温を上昇させています。地球に損害を与えることなく人類が快適な生活を送れるように，今私たちは持続可能なしくみを創造しなければなりません。例えば，私たちは風力・水力や太陽光といった，環境にやさしいエネルギー資源を利用するべきです。実は，毎日の生活でプラスチックやエネルギーの使用を減らすことによって，私たち全員が積極的な役割を果たすことができます。今努力すれば，まだ私たちの未来を守ることができるのです。

↩ p.191の復習

□ 最後の	final	□ 代わりに	instead	□ 患者	patient
□ 生産	production	□ 職員	staff	□ 行動する	act
□ 環境にやさしい	eco-friendly				

□ 1451 **accept** [əksépt] アクセプト	動 **受け入れる**
□ 1452 **choice** [tʃɔis] チョイス	名 **選択** 関連 choose（選ぶ）
□ 1453 **courage** [kə́:ridʒ] カ～リヂ 発音注意	名 **勇気** 関連 encourage（勇気づける）
□ 1454 **discover** [diskʌ́vər] ディスカヴァァ	動 **発見する** 関連 discovery（発見）
□ 1455 **population** [pɑpjuléiʃən] パピュレイション	名 **人口**
□ 1456 **solar** [sóulər] ソウラァ	形 **太陽の** ▶ solar energy（太陽エネルギー）
□ 1457 **burn** [bə:rn] バ～ン	動 **燃やす**
□ 1458 **chart** [tʃɑːrt] チャート	名 **図表**

injure

[índʒər] **インヂァ** 発音注意

動 けがをさせる

＊get injuredで「けがをする」の意味。

（関連）hurt（傷つける，痛む）

material

[mətíəriəl] **マティアリアゥ**

名 材料

perhaps

[pərhǽps] **パハ**プス

副 もしかしたら（〜かもしれない）

（関連）maybe（もしかしたら〈〜かもしれない〉）

stair

[steər] **ステア**ァ

名 (stairsで)階段

▶ go up the stairs（階段を上る）

success

[səksés] **サ**ク**セス**

名 成功

（関連）succeed（成功する）

wide

[waid] **ワイ**ド

形 幅が広い

（関連）narrow（幅が狭い）

beginning

[bigíniŋ] **ビギニン**グ

名 初め

▶ at the beginning of May（5月の初めに）

（関連）end（終わり）

1600 1500 1400 1300 1200 1100 1000 900 800 700 600 500 400

1500語レベル Level 23

（得点アップ）perhaps（もしかしたら〈〜かもしれない〉）はmaybeと同じ意味で，確率が半分以下くらいのときに使われます。Do you think she will come?（彼女は来ると思う？）— Perhaps.（もしかしたら来るかもね。）

🔁 p.192の復習

□ 実験	experiment	□ 温室	greenhouse	□ 巨大な	huge
□ 油	oil	□ 資源	resources	□ ショックを与える	shock
□ 速度	speed				

□ 1466

cafeteria

[kæfətíəriə] カフェ**ティ**アリア

名 (学校などの)**食堂**

＊各自で好きなものを取って席につくタイプの食堂をさす。

□ 1467

dancer

[dǽnsər] **ダ**ンサァ

名 **ダンサー**

(関連) dance（踊る）

□ 1468

emergency

[imə́:rdʒənsi] イ**マ**〜ヂェンスィ

名 **非常事態**

□ 1469

impress

[imprés] イン**プ**レス

動 **感銘を与える**

＊be impressed with[by] 〜で「〜に感銘を受ける」の意味。

(関連) impression（印象）

□ 1470

owner

[óunər] **オ**ウナァ

名 **所有者**

(関連) own（所有する，自分自身の）

□ 1471

prefecture

[prí:fektʃər] プ**リ**ーフェクチァァ

名 **県**

▶ Kanagawa Prefecture（神奈川県）

□ 1472

condition

[kəndíʃən] カン**ディ**ション

名 **状態**

▶ in good condition（状態がいい）

⤴ p.194の復習

□ 受け入れる	accept	□ 選択	choice	□ 勇気	courage
□ 発見する	discover	□ 人口	population	□ 太陽の	solar
□ 燃やす	burn	□ 図表	chart		

drill

[dril] ドリゥ

名 **訓練**

▶ a fire drill（火災避難訓練）

law

[lɔː] ロー **発音注意**

名 **法律**

（関連）lawyer（弁護士）

successful

[səksésfəl] サクセスフォ

比 more ～ － most ～

形 **成功した**

▶ a successful company（成功した会社）

（関連）success（成功）

athlete

[ǽθliːt] アスリート **発音注意**

名 **運動選手**

mall

[mɔːl] モーゥ

名 **ショッピングモール**

percentage

[pərséntidʒ] パセンティヂ

名 **割合**

▶ the percentage of students who have smartphones

（スマートフォンを持っている生徒の割合）

sand

[sænd] サンド

名 **砂**

1500語レベル Level 23

⤴ p.195の復習

□ けがをさせる	injure	□ 材料	material	□ もしかしたら	perhaps
□ 階段	stairs	□ 成功	success	□ 幅が広い	wide
□ 初め	beginning				

□ 1480 **tunnel** [tʌ́nl] **タ**ヌゥ 発音注意	名 **トンネル**
□ 1481 **anymore** [enimɔ́:r] エニ**モー**ァ	副 (否定文で) **今はもう** ▶ This room is not used anymore. （この部屋は今はもう使われていません。）
□ 1482 **audience** [ɔ́:diəns] **オー**ディエンス	名 **聴衆**
□ 1483 **chef** [ʃef] **シェ**ァ	名 (プロの) **料理人**
□ 1484 **decrease** [dikríːs] ディク**リー**ス	動 **減る** ▶ The population is decreasing.（人口は減っています。） （関連）increase（増える）
□ 1485 **digital** [dídʒitl] **ディ**ヂトゥ	形 **デジタルの**
□ 1486 **hide** [haid] **ハイ**ド 過 hid−hidden	動 **かくす**

⮌ p.196の復習

□ 食堂	cafeteria	□ ダンサー	dancer	□ 非常事態	emergency
□ 感銘を与える	impress	□ 所有者	owner	□ 県	prefecture
□ 状態	condition				

medical

[médikəl] **メ**ディカゥ

形 **医学の**

関連 medicine（薬）

musical

[mjú:zikəl] **ミュー**ズィカゥ

形 **音楽の** 名 **ミュージカル**

▸ a musical instrument（楽器）

関連 music（音楽）

ring

[riŋ] **リン**グ

過 rang－rung

動 **鳴る** 名 **指輪**

▸ The phone is ringing.（電話が鳴っています。）

active

[ǽktiv] **ア**ッティヴ

比 more ~ － most ~

形 **積極的な**

関連 activity（活動）

ballet

[bæléi] **バ**レイ　発音注意

名 **バレエ**

▸ take ballet lessons

（バレエのレッスンを受ける）

bite

[bait] **バ**イト

過 bit－bitten

動 **かむ**

grandpa

[grǽndpɑː] グ**ラン**パー

名 **おじいちゃん**

＊grandfatherのくだけた言い方。

関連 grandma（おばあちゃん）

得点アップ　bite（かむ）は，名詞として「かむこと」「ひと口」という意味を表すこともあります。
Let me have a bite.（ひと口食べさせて。）

右端の縦書き：1500語レベル　Level 23

↻ p.197の復習

□ 訓練	drill	□ 法律	law	□ 成功した	successful
□ 運動選手	athlete	□ ショッピングモール	mall	□ 割合	percentage
□ 砂	sand				

1494	happiness [hǽpinis] **ハ**ピニㇲ	名 **幸福** 関連 happy（幸せな）
1495	original [ərídʒənəl] オ**リ**ヂナゥ	形 **もとの，独創的な** ▶ change the original plan（もとの計画を変える） 関連 origin（起源）
1496	serve [səːrv] **サ**～ヴ	動 **食事を出す**
1497	aquarium [əkwéəriəm] アク**ウェ**アリアム 発音注意	名 **水族館** 関連 zoo（動物園）
1498	decision [disíʒən] ディ**スィ**ジョン	名 **決定** ▶ make a decision（決定を下す） 関連 decide（決める）
1499	exactly [igzǽktli] イグ**ザ**クトリ	副 **正確に** ▶ exactly 6 o'clock（正確に6時ちょうど）
1500	movement [múːvmənt] **ム**ーヴメント	名 **動き** 関連 move（動かす，動く，引っ越す）

得点アップ exactly（正確に）は，「まさにそのとおり」という意味の返事としても使われます。
Ted is an honest man.（テッドは正直な男です。）—Exactly.（まさにそのとおりです。）

↻ p.198の復習

□ トンネル	tunnel	□ 今はもう	anymore	□ 聴衆	audience
□ 料理人	chef	□ 減る	decrease	□ デジタルの	digital
□ かくす	hide				

1600
1500
1400
1300
1200
1100
1000
900
800
700
600
500
400

長文読解に挑戦 『初めてのミュージカル出演』

1500 語レベルの英文

🎧 184

Grandfather: Sara, are you ready for the musical?
ミュージカル

Sara: Do I have to go, Grandpa? I injured my foot
おじいちゃん　　　　けがをさせる
when I was exercising.

Grandfather: You were walking without any problem at the mall.
ショッピングモール
You're the best ballet dancer in the prefecture.
バレエ　　ダンサー　　　　　　　　　県
Only you can make this musical a success.
ミュージカル　　成功

Sara: Perhaps Mom can go instead.
もしかすると

Grandfather: Your mother is a successful singer, but she
成功した
cannot dance. Sara, you might be nervous,
but I promise that you will impress the
感銘を与える
audience. You just need a little courage.
聴衆　　　　　　　　　　　　　勇気

Sara: ... OK, Grandpa. I've never danced in a
おじいちゃん
musical before, but I'll try my best.
ミュージカル

祖父：サラ，ミュージカルに出る準備はできたのかい？
サラ：私，行かなくちゃいけないの，おじいちゃん？ 運動中に
　　　足をけがしちゃったんだけど。
祖父：ショッピングモールでは何の問題もなく歩いていたじゃ
　　　ないか。きみは県内でいちばんのバレエダンサーなんだ
　　　よ。このミュージカルを成功させられるのはきみだけだ。
サラ：もしかしたらお母さんが代わりに行けるかも。
祖父：お母さんは成功した歌手だけど，ダンスはできないよ。
　　　サラ，緊張しているかもしれないけど，きみが観客を感
　　　動させることは私が約束するよ。きみに必要なのはほん
　　　の少しの勇気だけだ。
サラ：…わかった，おじいちゃん。今までミュージカルでは踊っ
　　　たことがないけど，全力で頑張ってみる。

🔄 p.199の復習

☐ 医学の	medical	☐ 音楽の	musical	☐ 鳴る	ring
☐ 積極的な	active	☐ バレエ	ballet	☐ かむ	bite
☐ おじいちゃん	grandpa				

🎧 185

□ 1501
according
[əkɔ́ːrdiŋ] アコーディング

副 (according to ~で) **～によれば**

▸ according to this website

（このウェブサイトによれば）

□ 1502
ceremony
[sérəmouni] セレモウニ

名 **儀式**

▸ a graduation ceremony （卒業式）

□ 1503
discuss
[diskʌ́s] ディスカス

動 **議論する**

▸ discuss the idea （その考えについて議論する）

関連 discussion （議論）

□ 1504
electric
[iléktrik] イレクトリク

形 **電気の**

▸ an electric car （電気自動車）

関連 electricity （電気）

□ 1505
graduate
[grǽdʒueit] グラヂュエイト

動 **卒業する**

＊graduate from ～で「～を卒業する」の意味。

関連 graduation （卒業）

□ 1506
nobody
[nóubɑdi] ノウバディ

代 **だれも～ない**

▸ Nobody knows me. （だれも私を知りません。）

□ 1507
relationship
[riléiʃənʃip] リレイションシプ

名 **関係**

□ 1508
survive
[sərváiv] サヴァイヴ

動 **生き残る**

article

[á:rtikl] **アーティ**コゥ

名 **記事**

▶ a newspaper article（新聞記事）

distance

[dístəns] **ディ**スタンス

名 **距離**

image

[ímidʒ] **イ**ミヂ　発音注意

名 **イメージ, 画像**

関連 imagine（想像する）

powerful

[páuərfəl] **パウア**フォ

比 more 〜 − most 〜

形 **力強い**

関連 power（力）

quite

[kwait] ク**ワイ**ト　発音注意

副 **かなり, まったく**

▶ It was quite different.

（それはまったく違っていました。）

researcher

[rí:sə:rtʃər] **リー**サ〜チャァ

名 **研究者**

関連 research（研究）

statue

[stǽtʃu:] ス**タ**チュー

名 **像**

▶ the Statue of Liberty（自由の女神像）

1550 語レベル

Level 24

1600
1500
1400
1300
1200
1100
1000
900
800
700
600
500
400

attack
[ətǽk] アタック

働 **攻撃する**

---

average
[ǽvəridʒ] アヴェリヂ 発音注意

名 **平均**

＊on averageで「平均して」という意味。

---

clearly
[klíərli] クリアリ

比 more ～ － most ～

副 **はっきりと**

▶ speak clearly（はっきりと話す）

関連 clear（晴れた，すき通った，はっきりした）

---

effect
[ifékt] イフェクト

名 **効果，影響**

関連 effective（効果的な）

---

instrument
[ínstrəmənt] インストルメント

名 **器具**

▶ a musical instrument（楽器）

---

magazine
[mǽgəzi:n] マガズィーン

名 **雑誌**

---

modern
[mádərn] マダン 発音注意

形 **現代の**

---

positive	形 肯定的な
[pázətiv] パズィティヴ	
比 more ~ − most ~	関連 negative（否定的な）

species	名 (生物の)種
[spíːʃiːz] スピーシーズ	＊単数と複数が同じ形。
複 species	

ability	名 能力
[əbíləti] アビリティ	
	関連 able（できる）

desert	名 砂漠
[dézərt] デザト 発音注意	

depend	動 依存する，頼る
[dipénd] ディペンド	＊depend on ~で「~に依存する，頼る」の意味。

entrance	名 入り口
[éntrəns] エントランス	▶ the entrance exam（入学試験）
	関連 enter（入る）

form	名 形
[fɔːrm] フォーム	

1550語レベル Level 24

🔄 p.203の復習

□ 記事	article	□ 距離	distance	□ イメージ	image
□ 力強い	powerful	□ かなり	quite	□ 研究者	researcher
□ 像	statute				

□ 1530
importance
[impɔ́ːrtəns] インポータンス

名 **重要性**

関連 important（重要な）

□ 1531
recently
[ríːsntli] リースントリ

副 **最近**

▶ I started learning Spanish recently.

（私は最近，スペイン語を習い始めました。）

□ 1532
repeat
[ripíːt] リピート

動 **くり返す**

□ 1533
addition
[ədíʃən] アディション

名 **追加**

＊in additionで「加えて，さらに」の意味。

関連 add（加える）

□ 1534
affect
[əfékt] アフェクト

動 **影響する**

▶ affect our health

（私たちの健康に影響を与える）

□ 1535
celebrate
[séləbreit] セレブレイト

動 **祝う**

□ 1536
chemical
[kémikəl] ケミカゥ

形 **化学の**

↻ p.204の復習

□ 攻撃する　　attack　　□ 平均　　　　average　　□ はっきりと　clearly
□ 効果　　　　effect　　□ 器具　　　　instrument　□ 雑誌　　　　magazine
□ 現代の　　　modern

heat
[hi:t] ヒート

图 **熱** 動 **熱する**

▶ The sun gives us heat.（太陽は私たちに熱を与えます。）

▶ heat water （水を熱する）

including
[inklú:diŋ] インクルーディング

前 **〜を含めて**

▶ twelve colors including white （白を含む12色）

（関連）include（含む）

trust
[trʌst] トラスト

图 **信頼** 動 **信頼する**

▶ Trust me. （私を信頼して。）

belong
[bilɔ́:ŋ] ビローング

動 **所属する**

＊belong to 〜で「〜に所属する」の意味。

▶ belong to the science club （科学部に所属する）

blossom
[blɑ́səm] ブラッサム

图 **（果実がなる木の）花**

▶ cherry blossoms （桜の花）

captain
[kǽptin] キャプティン

图 **船長, キャプテン**

dead
[ded] デド

形 **死んでいる**

▶ dead people （死んだ人たち）

（関連）alive（生きている）

1550 語レベル Level 24

（得点アップ）　heatは「熱さ・暑さ」という意味です。風邪などによる体温の「熱」はheatではなくfeverで表します。I think I have a fever.（私は熱があると思います。）

hill [hil] ヒゥ	名 **丘**
include [inklúːd] インクルード	動 **含む** ▶ Is the tax included?（税込みですか。） 関連 including（〜を含めて）
note [nout] ノゥト	名 **メモ** ▶ take notes（メモを取る） 関連 notebook（ノート）
operation [ɑpəréiʃən] アペレイション	名 **手術, 操作** 関連 operate（操作する）
pattern [pǽtərn] パタン 発音注意	名 **もよう, パターン**
sale [seil] セイゥ	名 **販売, セール** ▶ This is not for sale.（これは売り物ではありません。） 関連 sell（売る）
survey [sə́ːrvei] サ〜ヴェイ	名 **調査** ▶ according to a survey（ある調査によると）

⤺ p.206の復習

□ 重要性	importance	□ 最近	recently	□ くり返す	repeat
□ 加えて	in addition	□ 影響する	affect	□ 祝う	celebrate
□ 化学の	chemical				

長文読解に挑戦 『誕生日パーティーの影響』
1550 語レベルの英文

🎧 192

1600
1500
1400
1300
1200
1100
1000
900
800
700
600
500
400

An article in a magazine discussed the effects of
記事　　　　　　雑誌　　　　　議論する　　　　影響
birthday parties on children.　Celebrating a child's
　　　　　　　　　　　　　　　　　　　祝う
birthday shows the child his/her importance.　It also
　　　　　　　　　　　　　　　　　　　重要性
builds trust between the child and his/her parents.
　　　　信頼
According to the article, a survey found that children
～によれば　　　　記事　　　　調査
who had a birthday party every year felt less distance
　　　　　　　　　　　　　　　　　　　　　　　　距離
from their parents on average.　Researchers say that
　　　　　　　　　　　平均して　　　　研究者
children with a close, positive relationship with their
　　　　　　　　　　　　　肯定的な　　　関係
parents enjoy more success as adults.

ある雑誌の記事で，誕生日パーティーが子どもに与える影響について議論していました。子どもの誕生日を祝うことは，その子に，自分は重要であるということを示します。また，親子の間の信頼も築きます。その記事によると，ある調査は，毎年誕生日パーティーがあった子どもは，平均して親からの距離をあまり感じていないということを発見したそうです。研究者が言うには，親と密接で肯定的な関係にある子どもは，大人になってから成功していることが多いとのことです。

□1551
add
[æd] **ア**ド
動 **加える**
▶ add some sugar（砂糖をいくらか加える）
関連 addition（追加）

□1552
castle
[kǽsl] **キャ**スゥ
名 **城**

□1553
compare
[kəmpéər] コン**ペ**アァ
動 **比較する**
＊compare A with Bで「AをBと比較する」の意味。

□1554
dig
[dig] **ディ**グ
過 dug
動 **掘る**

□1555
fix
[fiks] **フィ**クス
動 **直す，固定する**
▶ fix a car（車を直す）
関連 repair（修理する）

□1556
stick
[stik] ス**ティ**ク
名 **棒**

□1557
tourist
[túərist] **トゥ**リスト
名 **観光客**
関連 tour（旅行）

□1558
attract
[ətrǽkt] アト**ラ**クト
動 **引きつける**
▶ attract tourists（観光客を引きつける）
関連 attractive（魅力的な）

1600
1500
1400
1300
1200
1100
1000
900
800
700
600
500
400

calligraphy
[kəlígrəfi] **カリ**グ**ラフィ**

名 **書道**

difficulty
[dífikəlti] **ディフィカゥティ**

名 **困難**

関連 difficult（難しい）

empty
[émpti] **エン**プ**ティ**

形 **空からの**

▶ an empty bottle（空きびん）

関連 full（いっぱいの）

firework
[fáiərwɔːrk] **ファイアワ〜**ク

名 **花火**

*ふつう複数形（fireworks）で使う。

figure
[fígjər] **フィギュ**ァ

名 **図, 形, 数**

▶ Look at Figure 1.（図1を見てください。）

judge
[dʒʌdʒ] **ヂャ**ヂ

動 **判断する** 名 **裁判官**

manager
[mǽnidʒər] **マニ**ヂャ**ァ**

名 **支配人, 経営者**

1600語レベル　Level 25

得点アップ　figureは動詞としても使われ，figure outで「理解する，わかる」という意味を表します。I can't figure out what she is doing.（私は彼女が何をしているのかわかりません。）

↩ p.208の復習

□ 丘	hill	□ 含む	include	□ メモ	note
□ 手術	operation	□ もよう	pattern	□ 販売	sale
□ 調査	survey				

1566 New Zealand
[njuː zíːlənd] ニューズィーランド
名 ニュージーランド

1567 president
[prézədənt] プレズィデント
名 大統領，社長
▶ the President of the United States
（アメリカ合衆国の大統領）

1568 scary
[skéəri] スケアリ　発音注意
形 こわい
▶ a scary story （こわい話）
関連 scared （こわがった）

1569 below
[bilóu] ビロウ
前 〜より下に
▶ fly below the clouds （雲の下を飛ぶ）
関連 above （〜の上に）

1570 excellent
[éksələnt] エクセレント
形 すばらしい

1571 kindness
[káindnis] カインドニス
名 親切さ
▶ Thank you for your kindness.（ご親切にありがとう。）
関連 kind （親切な，種類）

1572 ordinary
[ɔ́ːrdəneri] オーディネリ
形 ふつうの
▶ ordinary people （ふつうの人々）

得点アップ　belowは名詞などのあとで、「下に」という意味の副詞としても使われます。Look at the graph below.（下のグラフを見てください。）

🔄 p.210の復習

□ 加える	add	□ 城	castle	□ 比較する	compare
□ 掘る	dig	□ 直す	fix	□ 棒	stick
□ 観光客	tourist	□ 引きつける	attract		

personal [pə́ːrsənəl] パ〜ソナゥ	形 **個人の** 関連 person（人）
panel [pǽnəl] パネゥ	名 **パネル，（審査や議論をする）委員会** ▶ a solar panel（太陽光パネル） ▶ a member of the panel（委員会の一員）
remind [rimáind] リマインド	動 **思い出させる** ▶ Oh, that reminds me! （ああ，それで思い出しました！）
shelf [ʃelf] シェゥフ 複 shelves	名 **棚**
total [tóutl] トウトォ	形 **合計の**
unique [juːníːk] ユーニーク	形 **独特の** ▶ a unique design（独特のデザイン）
competition [kɑmpətíʃən] カンペティション	名 **競争，コンクール**

右側: 1600 1500 1400 1300 1200 1100 1000 900 800 700 600 500 400 / 1600語レベル Level 25

得点アップ　remind A of Bで「AにBを思い出させる」という意味になります。This song always reminds me of my hometown.（この歌はいつも私に故郷の町を思い出させます。）

↻p.211の復習

□ 書道	calligraphy	□ 困難	difficulty	□ 空の	empty
□ 花火	fireworks	□ 図，形，数	figure	□ 判断する	judge
□ 支配人	manager				

1580	**feed** [fi:d] **フィード** 過 fed	動 **食べ物を与える** ▶ feed a cat（ねこにえさをやる）
1581	**fiction** [fíkʃən] **フィクション**	名 **フィクション，創作** ▶ science fiction（サイエンスフィクション，SF）
1582	**item** [áitəm] **アイテム**	名 **品目** ▶ items on my shopping list （私の買い物リストの品目）
1583	**knowledge** [nálidʒ] **ナリッヂ** 発音注意	名 **知識** 関連 know（知っている）
1584	**medium** [mí:diəm] **ミーディアム** 複 mediaまたはmediums	形 **中くらいの** 名 （おもにmediaの形で）**メディア** ▶ social media（ソーシャルメディア）
1585	**process** [práses] **プラセス**	名 **過程**
1586	**score** [skɔːr] **スコーア**	名 **得点**

🔄 p.212の復習

□ ニュージーランド New Zealand	□ 大統領	president	□ こわい	scary
□ ～より下に below	□ すばらしい	excellent	□ 親切さ	kindness
□ ふつうの ordinary				

smart

[smɑːrt] スマート

形 りこうな

▶ a smart dog（りこうな犬）

device

[diváis] ディヴァイス

名 装置

▶ digital devices like smartphones

（スマートフォンのようなデジタル機器）

film

[film] フィウム

名 映画，（写真の）フィルム

関連 movie（映画）

gather

[gǽðər] ギャザァ

動 集める，集まる

▶ gather information（情報を集める）

least

[liːst] リースト

形 もっとも少ない

＊at leastで「少なくとも」の意味。

▶ It takes at least an hour.（少なくとも1時間かかります。）

pair

[peər] ペアァ

名 （2つからなるものの）1組

▶ a pair of shoes（1足のくつ）

pleasure

[pléʒər] プレジャァ　発音注意

名 楽しみ，喜び

＊My pleasure.は「どういたしまして」の意味で使われる。

▶ Thank you. ーMy pleasure.（ありがとう。ーどういたしまして。）

得点アップ　leastは「もっとも〜でない」という意味でも使われます。Orange is my least favorite color.（オレンジ色は私がもっとも好きではない色です。）

🔄 p.213の復習

□ 個人の	personal	□ パネル	panel	□ 思い出させる	remind
□ 棚	shelf	□ 合計の	total	□ 独特の	unique
□ 競争	competition				

□ 1594
quality
[kwάləti] ク**ワ**ーリティ

图 **品質**

□ 1595
recognize
[rékəgnaiz] **レ**コグ**ナイ**ズ

働 **認める，気づく**
▶ I didn't recognize him.

（私は彼がだれだかわかりませんでした。）

□ 1596
recommend
[rekəménd] レコ**メ**ンド

働 **勧める**
▶ What do you recommend?

（あなたのお勧めは何ですか。）

□ 1597
remove
[rimúːv] リ**ムー**ヴ

働 **取り去る**

□ 1598
Russia
[rʌ́ʃə] **ラ**シャ　発音注意

图 **ロシア**

関連 Russian（ロシアの，ロシア語）

□ 1599
surprising
[sərpráiziŋ] サプ**ライ**ズィング

形 **驚くべき**
▶ surprising news（驚くべきニュース）

関連 surprise（驚かせる）

□ 1600
wet
[wet] **ウェ**ット

形 **ぬれた**
▶ wet clothes（ぬれた服）

関連 dry（乾いた，乾かす）

⟲ p.214の復習

□ 食べ物を与える	feed	□ フィクション	fiction	□ 品目	item
□ 知識	knowledge	□ 中くらいの	medium	□ 過程	process
□ 得点	score				

216

長文読解に挑戦 『城に魅せられて』
1600 語レベルの英文

🎧 200

1600
1500
1400
1300
1200
1100
1000
900
800
700
600
500
400

Masashi: Jane, what attracted you to Japan?
引きつける

Jane: Well, I love castles. It has always been my
城
dream to visit the castles of Japan and Russia.
城　　　　　　　　　　　　ロシア

Masashi: Oh, you like Russia, too. Are there any castles
ロシア　　　　　　　　　　　　　　　城
in New Zealand?
ニュージーランド

Jane: Yes, but tourists usually come to New Zealand
旅行者　　　　　　　　　　　　ニュージーランド
for its nature. Many fiction films are made
フィクション　映画
there because it's so beautiful and unique.
独特の

Masashi: I see. Well, I've added New Zealand to my list of
加える　ニュージーランド
places to go. ... So there will be a fireworks
花火
competition at the local castle this weekend. My
コンクール　　　　　　　　　城
grandparents are on the panel. They'll take us.
委員会

Jane: That would be excellent!
すばらしい

マサシ：ジェーン，日本のどこに惹かれたの？
ジェーン：そうね，私，お城が大好きなの。日本とロシアのお城
　　　　　を訪れるのがずっと私の夢だったの。
マサシ：ああ，ロシアも好きなんだね。ニュージーランドにはお
　　　　城はあるの？
ジェーン：うん，でも観光客はたいていニュージーランドには自
　　　　　然を目当てに来るの。とても美しくて独特だから，多く
　　　　　のフィクション映画がそこで作られてるの。
マサシ：なるほど。じゃあ，ぼくはニュージーランドを自分が行
　　　　きたい場所のリストに加えたよ。…それで今週末，地元
　　　　のお城で花火大会があるんだ。ぼくの祖父母が審査委員
　　　　会に入ってて。彼らがぼくたちを連れて行ってくれるよ。
ジェーン：それはすばらしい！

↻ p.215の復習

☐ りこうな	smart	☐ 装置	device	☐ 映画	film
☐ 集める	gather	☐ もっとも少ない	least	☐ 1組	pair
☐ 楽しみ	pleasure				

217

語形変化一覧表

▌名詞の複数形

❶ s をつける （ふつうの語）

book（本）	— books	girl（女の子）	— girls

❷ es をつける （s, x, ch, sh で終わる語）

bus（バス）	— buses	box（箱）	— boxes
class（授業）	— classes	dish（皿）	— dishes

※ o で終わる語の一部にも，es をつけるものがある。〈例〉potato（じゃがいも）→ potatoes

❸ y を i にかえて es （〈子音字＋ y〉で終わる語）

city（都市）	— cities	dictionary（辞書）	— dictionaries
story（物語）	— stories	country（国）	— countries

※ 〈母音字＋ y〉で終わる語の場合には，そのまま s だけをつける。〈例〉boy（男の子）→ boys

❹ f, fe を v にかえて es （f, fe で終わる語）

leaf（葉）— leaves   life（生活）— lives   wife（妻）— wives

▌動詞の3人称単数・現在形

❶ s をつける （ふつうの語）

come（来る）	— comes	know（知っている）	— knows

❷ es をつける （o, s, x, ch, sh で終わる語）

go（行く）	— goes	do（する）	— does
pass（手渡す）	— passes	teach（教える）	— teaches
watch（じっと見る）	— watches	wash（洗う）	— washes

❸ y を i にかえて es （〈子音字＋ y〉で終わる語）

study（勉強する）	— studies	try（やってみる）	— tries
carry（運ぶ）	— carries	fly（飛ぶ）	— flies

※ 〈母音字＋ y〉で終わる語の場合には，そのまま s だけをつける。〈例〉play（〈スポーツなどを〉する）→ plays

▌動詞の-ing形

❶ ing をつける （ふつうの語）

walk（歩く）　—　walk<u>ing</u>　　　go（行く）　　—　go<u>ing</u>

❷ e をとって ing をつける （e で終わる語）

come（来る）　—　com<u>ing</u>　　　make（作る）　—　mak<u>ing</u>
use（使う）　　—　us<u>ing</u>　　　　write（書く）　—　writ<u>ing</u>
take（取る）　—　tak<u>ing</u>　　　　have（食べる）—　hav<u>ing</u>

※発音される e で終わる語にはそのまま ing をつける。　〈例〉see（見える）→ seeing

❸ 語尾の1字を重ねて ing （〈子音字＋アクセントのある母音字＋子音字〉で終わる語）

run（走る）　　　—　run<u>ning</u>　　swim（泳ぐ）　—　swim<u>ming</u>
get（手に入れる）—　get<u>ting</u>　　stop（止まる）—　stop<u>ping</u>
sit（すわる）　　—　sit<u>ting</u>　　begin（始める）—　begin<u>ning</u>

❹ ie を y にかえて ing （ie で終わる語）

die（死ぬ）　—　d<u>ying</u>　　　　lie（うそをつく）—　l<u>ying</u>

▌形容詞・副詞の比較級・最上級

❶ er, est をつける （ふつうの語）

tall（〈背が〉高い）—tall<u>er</u>—tall<u>est</u>　　old（古い）—old<u>er</u>—old<u>est</u>

❷ r, st をつける （e で終わる語）

large（大きい）—larg<u>er</u>—larg<u>est</u>　　late（遅れた）—lat<u>er</u>—lat<u>est</u>

❸ y を i にかえて er, est （〈子音字＋ y〉で終わる語）

easy（簡単な）—eas<u>ier</u>—eas<u>iest</u>　　busy（忙しい）—bus<u>ier</u>—bus<u>iest</u>
early（早く）—earl<u>ier</u>—earl<u>iest</u>　　happy（幸せな）—happ<u>ier</u>—happ<u>iest</u>

❹ 語尾の1字を重ねて er, est （〈子音字＋アクセントのある母音字＋子音字〉で終わる語）

big（大きい）—big<u>ger</u>—big<u>gest</u>　　hot（暑い，熱い）—hot<u>ter</u>—hot<u>test</u>

❺ 前に more, most （2音節以上の語の大部分）

interesting（おもしろい）—<u>more</u> interesting—<u>most</u> interesting

※ほかに，beautiful（美しい），careful（注意深い），difficult（難しい），exciting（わくわくさせる），
expensive（高価な），famous（有名な），important（重要な），popular（人気のある）など。

語形変化一覧表

■ 規則動詞の過去形・過去分詞

❶ ed をつける (ふつうの語)

help（手伝う）　— help<u>ed</u>　　　look（〜に見える）　— look<u>ed</u>

❷ d だけをつける (e で終わる語)

like（好きだ）　　— like<u>d</u>　　　use（使う）　　　— use<u>d</u>

live（住む）　　　— live<u>d</u>　　　move（動かす）　— move<u>d</u>

arrive（到着する）— arrive<u>d</u>　　close（閉じる）　— close<u>d</u>

❸ y を i にかえて ed (〈子音字＋y〉で終わる語)

study（勉強する）— stud<u>ied</u>　　try（やってみる）　— tr<u>ied</u>

carry（運ぶ）　　— carr<u>ied</u>　　worry（心配する）— worr<u>ied</u>

※〈母音字＋y〉で終わる語の場合には，そのまま ed をつける。〈例〉play（〈スポーツなどを〉する）→ played

❹ 語尾の1字を重ねて ed (〈子音字＋アクセントのある母音字＋子音字〉で終わる語)

stop（止まる）　— stopp<u>ed</u>　　plan（計画する）　— plann<u>ed</u>

■ 不規則動詞の過去形・過去分詞

❶ ABC 型 (原形・過去形・過去分詞が異なる形)

be（〜である）　 —was, were— been　　begin（始める）—began —begun

break（壊す）　 —broke　 —broken　　do（する）　 —did　　 —done

draw（描く）　 —drew　 —drawn　　drink（飲む）—drank　 —drunk

drive（運転する）—drove　 —driven　　eat（食べる）　—ate　　 —eaten

fall（落ちる）　 —fell　　 —fallen　　fly（飛ぶ）　 —flew　　 —flown

forget（忘れる）—forgot—forgotten*　get（手に入れる）—got　 —gotten*

give（与える）　—gave　 —given　　go（行く）　　 —went　 —gone

grow（育てる）—grew　 —grown　　know（知っている）—knew —known

ride（乗る）　 —rode　 —ridden　　see（見える）　—saw　　 —seen

show（見せる）—showed —shown*　sing（歌う）　 —sang　 —sung

speak（話す）—spoke —spoken　　swim（泳ぐ）　—swam　 —swum

take（取る）　−took　−taken　　　write（書く）−wrote −written

* forget − forgot − forgot, get − got − got, show − showed − showed という変化もある。

❷ ABA 型 （原形と過去分詞が同じ形）

become（〜になる）−became−become　　　come（来る）− came − come

run（走る）　　−ran　　−run

❸ ABB 型 （過去形と過去分詞が同じ形）

bring（持ってくる）−brought −brought			build（建てる）−built		−built
buy（買う）　−bought−bought			catch（つかまえる）−caught −caught		
feel（感じる）−felt		−felt	find（見つける）−found		−found
have（持っている）−had		−had	hear（聞こえる）−heard		−heard
keep（保つ）−kept		−kept	leave（去る）−left		−left
lend（貸す）−lent		−lent	lose（失う）−lost		−lost
make（作る）−made		−made	mean（意味する）−meant		−meant
meet（会う）−met		−met	read（読む）−read*		−read*
say（言う）−said		−said	sell（売る）−sold		−sold
send（送る）−sent		−sent	sit（すわる）−sat		−sat
sleep（眠る）−slept		−slept	spend（過ごす）−spent		−spent
stand（立つ）−stood		−stood	teach（教える）−taught		−taught
tell（伝える）−told		−told	think（思う）−thought		−thought

understand（理解する）−understood−understood

* read は，つづりが同じで発音だけが変化する。過去形・過去分詞の発音は [red]。

❹ AAA 型 （原形・過去形・過去分詞が同じ形）

cut（切る）　　−cut　　−cut　　　let（〜させる）−let　　−let

put（置く）　　−put　　−put

さくいん

数字は掲載ページです。
チェックリストとしても活用できます。

B

C

D **E**

G

H

H
I
J
K
L

L

M

M
N
O
P

P
Q
R

R
S

232

S
T

T
U

U
V
W
X
Y
Z

編集協力	株式会社エデュデザイン
	水島郁, 佐藤美穂, 株式会社シー・キューブ
長文執筆	山田暢彦, Joseph Tabolt
録音	一般財団法人英語教育協議会 (ELEC)
ナレーション	Jack Merluzzi, Carolyn Miller, Kristen Watts, Vinay Murthy, 香月カグヤ
音楽	III EM
DTP	株式会社明昌堂
カバーデザイン	山口秀昭 (StudioFlavor)
本文・カバーイラスト	下田麻美

この本は下記のように環境に配慮して製作しました。

・製版フィルムを使用しない CTP 方式で印刷しました。
・環境に配慮した紙を使用しています。

読む力がつく 中学基本英単語 1600